The Speaker's Coach

スピーカーズ・コーチ

誰でも伝え方がうまくなる60の秘訣

60 SECRETS TO MAKE YOUR TALK, SPEECH OR PRESENTATION AMAZING

グラハム・ショー　訳・斉藤裕一

CCCメディアハウス

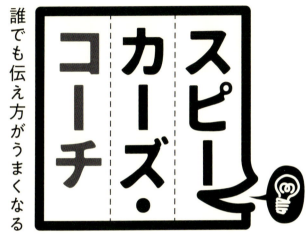

はじめに

見事なトークやスピーチ、プレゼンテーションをする人たちは、軽々とやっているように見える。しかし、それは魔法のように生まれたものではなく、入念な準備と練習の結果だ。「もともとうまい下手がある」というのは事実と異なる神話で、実際には学んで上達することができる。しかし、話がうまい人たちの成功の秘訣の大部分は、聞く側が簡単に見て取れるものではなく、またそうあるべきでもない。プレゼンなどのテクニックは、話の内容と一つに融け合ってこそのものだ。したがって、聞く側からは見えないものであるべきなのだ。

この本は、見事なトークやスピーチ、プレゼンの舞台裏に読者を連れて行き、その秘訣を共有することを目的にしている。私があなたの「スピーカーズ・コーチ（speaker's coach）」になって、あなたも聞く人の心を捉えて放さないような話ができるように、お手伝いをする。これまで人前で話すことが少なかった人も、すでに経験を積んでいる人も、この本で紹介する秘訣の数々によって、人を引きつける話ができるようになる。

人前で話すスキルを高めることに、なぜ時間をかけるのか

トークやスピーチ、プレゼンそのものだけでなく、それが自分自身の目標の達成にどう結びつくのかという点を考えてみてほしい。

話の達人になることによって、あなたは——

- ●変化を生み出せる。
- ●他の人たちの考え方を変えられる。
- ●自分の目標達成に向けて、他の人たちに行動の動機づけを与えられる。
- ●新しいアイデアを売り込める。
- ●自分のキャリアを高められる。
- ●チームの士気を高められる。
- ●人との交わりにおいて、プラスの影響力を及ぼせる。

などなど……。

自信をもって人前で話せるようになれば、あなた自身はもちろん、相手の人たちにも限りないメリットが及ぶようになる。

なぜ、この本を読むべきなのか

私がこの本を書いたのは、話す力を高めることの手助けをするのが好きだからだ。この本は比較的短い時間で読み終えられる。あなたはそうすることで、私がプロのスピーカー／スピーカーズ・コーチとして20年間にわたり蓄積してきた最良のアイデアを身につけられる。

私はTEDx（テデックス）のイベントやカンファレンス、セミナー、研修会で話をしてきた。そしてスピーカーズ・コーチとして、TEDxの講演者や財界人、国際組織のチームなどに手ほどきをしてきた。子どもや学校の先生、大学の学生や教員に協力してきたことも、聞く人の心を引きつける話し方について理解するうえで役立っている。

本書の内容は、話すことに関する学術研究などから得られた知見もふまえている。私は幸いにも、素晴らしい話し手やコーチから教えを受ける機会に恵まれてきた。この本を読むことで、あなたも彼らの知恵に学ぶことができる。

この本で何を学べるか

この本には、どのような状況であっても、あなたが人前で話す力を高めることに役立つ様々な情報やアイデア、テクニックが詰まっている。

「60の秘訣」は論理的な構成で次の3つのセクションに分かれている。

1 準備
2 練習
3 実行

それぞれの「秘訣」は共通の構成で統一し、ポイントを押さえやすくしてある。ためになる本や動画、研究なども豊富に紹介していく。同様にＴＥＤとＴＥＤｘの講演についても言及する。学べることがとても多いからだ。

この本を最大限に活用する方法

人前で話すことに、一つの決まったやり方はない。実際のところ、同等の効果をもたらす方法がいくつもある。人によって、そしてそれぞれの話の内容によって、違いが生じる。したがって、自分に一番合うと思うアイデアやテクニックを選り分けながら、この本を読み進めていってほしい。あなたがするトークやスピーチ、プレゼンの種類をふまえることも大事だ。この本をどのように読むかは、あなたがどのような学び方をしたいのかによって変わる。最初から最後まで順に読み進めるという形に限らず、関心のある部分を拾い読みしても同様の効果がある。

この本は、話すことに関係するスキルを伝授する実用書だ。それぞれの「秘訣」に「あなたの課題」というセクションを設け、あなたが知識とスキルをさらに高める手助けをする。そこでは、あなたが実際に自分自身のトークやスピーチ、プレゼンでスキルを試してみることになる。したがって、具体的な場面を想定して読むのがいいかもしれない。

それぞれの「秘訣」の「さらなる学びのために」のセクションでは、あなたが当該のテーマについてさらに深く学ぶうえで参考になる本や動画を紹介する。

それでは始めよう

この本を読むときには、ペンとノートを用意し、インターネットにもアクセスできる状態にしておくのがいいだろう。参考になる動画を見られるようにするためだ。

あなたが人前で話す力を高めることに協力できるのは、私にとってうれしいことであり、この本を楽しんでもらえればと思っている。あなたのトークやスピーチ、プレゼンが思いもよらない効果につながることもある。あなたの一つのトークが、周りの人たちに変革をもたらす結果につながるかもしれない。そして、あなた自身にも変化が生まれる可能性がある。

07 何をどのようにするべきか

Part 1

準備

01

こう考えてみよう

秘訣1 見事な話をしたければ、細部に気を配る必要がある

際立ったトークやスピーチ、プレゼンテーションを絶対確実にする方法はない。魔法の杖などないのだ。しかし、準備と練習、実行の各段階で細部まで十分に気を配れば、際立った結果を生み出せるようになる。

この点が重要である理由

細かい部分まで気を配る必要がある理由として――

- 違いを生み出す部分と、そうでない部分を見分けられる。
- 重要な内容の取りこぼしが起こりにくくなる。
- 話のあらゆる側面を最大限に高められる。

●十分な準備をしたことで、本番に不安がなくなる。
●話すことに自信がもてれば、出来も大幅に良くなる。
●そして、話の説得力が高まる。

もちろん、それでもミスを犯すことは起こりうる。例えて言えば、ゴルフのメジャー大会で優勝する選手にも何度かのミスショットは伴いうる。プロのミュージシャンは、観客には完璧な演奏に聞こえても、1、2回のミスをしていることがある。ここでのポイントは、彼らは十分な準備をして、ミスが起こる可能性を最低限に抑えているということだ。そのおかげで、たとえミスを犯そうとも、際立った結果を出すことができる。人前で話すことも、それと同じことなのだ。

見事な話には、あらゆる部分が関係する。

するべきこと

1——十分な準備

見事な話は、驚くほどレベルの高い準備の結果である。

もし6時間、木を切る時間を与えられたら、私は最初の4時間を斧を研ぐのに使う。

エイブラハム・リンカーン

先を見越して、入念に準備する。とはいえ、多くの側面が関係するので、どこから始めるかが問題になる。この「準備」のセクションで紹介する一連の「秘訣」で、「何を」「どう」準備すればいいのか説明していく。

2——入念な練習

話の達人たちはどんなこともおろそかにせず、反復練習によってすべてが自然に見えるようにしている。TEDカンファレンスの代表を務めるクリス・アンダーソンは、「近年のビジネス界で最高のコミュニケーション力をもつ一人」だったというスティーブ・ジョブズについて、こう語っている。

「アップルが主要な製品を発表する際には必ず、入念なリハーサルを何時間もしていた。あらゆる細部にまでこだわっていた」

練習の段階で細かい部分まで練り上げておくことが、本番で大きな違いを生み出す。練習については「Part2 練習」の各セクションで取り上げる。

3——自信をもって話す

十分な準備と入念な練習をすれば、自信をもって本番に臨めるようになる。正しい計画と練習に裏打ちされた自信をもって話すことが、見事な話のカギになる。
本番で話すことについては、「Ｐａｒｔ３　実行」の各セクションで取り上げる。

ポイント
見事な話を生み出すには時間がかかる。あなたが思っているよりも早く準備に取りかかる必要がある。

あなたの課題

自分がこれまでにしてきたトークやスピーチ、プレゼンを振り返ってみよう。どのような準備と練習をし、どんな結果になっていただろうか。３段階のそれぞれについて、次のように振り返ってみる。

1 うまくいったことは？
2 次は変えたいと思うことは？

次の機会の準備を始めるときのために、答えをノートに書き残しておこう。

さらなる学びのために

クリス・アンダーソン著『ＴＥＤ　ＴＡＬＫＳ　スーパープレゼンを学ぶＴＥＤ公式ガイド』（日経ＢＰ、２０１６年）。準備と練習、本番のための専門的ガイド。

秘訣2 聞く側を助ければ、相手も自分を助けてくれる

人前で話すことを不安に思うあまり、聞く側の人たちと対決するような気持ちになってしまうことも起こりやすい。そうではなく、聞く人たちを助けてあげるのだという考え方をすれば、あなたも相手から支えられることになりやすい。

この点が重要である理由

何のためにプレゼンをするのかと考えてみると、聞く側の人たちに何かをしてもらうことが目的である場合が多い。つまり、成果は相手を「通じて」得られるということだ。したがって、

その人たちを味方につける必要がある。ロバート・B・チャルディーニは、影響力に関する研究で「互恵性」がカギを握ることを突き止めている。人間には「お返し」をしようとする生来の性向があるのだ。

「相手を助ける」という姿勢になれば――

- そのポジティブな姿勢に沿った振る舞い方になる。
- 聞く側の人たちから同様の反応が得られやすくなる。
- パフォーマンスを阻害する不安が和らぐ。
- 前向きな空気が生まれる。
- 前向きな気持ちで話せるようになる。
- 流れに乗って話せるようになる。
- 聞く側の人たちが、あなたの計画に力を貸そうと思いやすくなる。

するべきこと

1――相手にとってのメリットを示す

最初に、相手にとって何が得られるのかという点を示す。後述する話の切り出し方についてのアイデアを活用して、聞く人たちを味方に引き入れる。そうする前に本題に入ろうとするのは禁物だ。

こちらが助けていれば、相手は反対しないものだ。

2――相手の関心事に配慮する

聞く側の人たちへの気配りを示す。たとえ初対面の人たちであっても、相手の関心事に配慮することはできる。相手の視点に立って考え、相手にとってのメリットに話の焦点を合わせるようにする。

ポイント
相手にとってのメリットに話の焦点を合わせる。

3――相手と心を通わせる

チャルディーニの研究は「好意」が影響力の重要な要因となることも示している。相手に好かれれば、もっと協力してもらえる。といっても、相手に媚びるのではなく、様々な形でラポート（ラポール、心の通い合い）を高めるということだ。聞く側の人たちは、あなたの信頼性や権威だけでなく、親しみやすい人柄にも好感をもつことになる。

4――相手に素晴らしい「体験」をさせる

自分の話を、相手と共にする素晴らしい旅として考えてみる。相手の人たちを外に連れ出して最高の時間を味わわせる、というように。実生活と同じように、重々しい体験もあれば軽やかな体験もありうるが、どちらも同等に重要で価値あるものになりうる。

5――相手に知恵を授ける

人間の自然な心理として、アイデアを人に与えることには抵抗感が伴うかもしれない。しかし、私は自分自身の経験から、アイデアを明かすことをためらうべきではないと思っている。自分がもっている最高の情報やアイデアを与えれば、その恩恵は巡り巡って相手から自分に返ってくる。

6――相手を主役にする

ステージに立つ歌手と同じように、話をする人が主役というのが普通の考え方だ。しかし、話す側の視点に立つと、聞く側の人たちを主役として考えることが役立つ。話をするのはあなたでも、その内容に関して行動を取るのは相手の人たちだ。話だけでは何の役にも立たない。話すことで何らかの良い結果を生み出すことが重要なのだ。相手があなたのアイデアを受け止め、それを行動に移す必要がある。その意味で、本当の主役は聞く側の人たちであり、それにふさわしい扱いをすることが成果につながる。

どのようなテーマであれ、聞く側の人たちを最大限に助けるようにする。

あなたの課題

次にするトークやスピーチ、プレゼンについて、自分の話を相手の人たちが聞くべき主な理由を3つ、ノートに書き出す。相手にとっての最大のメリットを必ず含める。そして、書き出した事柄を話の冒頭部分に盛り込むようにする。

さらなる学びのために

ロバート・B・チャルディーニ著『影響力の武器――なぜ、人は動かされるのか』(誠信書房、2014年)。チャルディーニとスティーブ・マーティンのナレーションによる"Science of Persuasion"(YouTubeの11分間の動画)も参照されたい。

秘訣3 自分らしく、でも他の人たちにも学ぶ

トップクラスのスポーツ選手やミュージシャンに成功の秘訣を聞くインタビューでは、他の人たちから学んだという答えが出てくることも少なくない。しかし、それでも彼らは独自のスタイルを確立している。話すことにも同じことが当てはまる。

この点が重要である理由

達人たちから学ぶことは、「話すというゲーム」で最大限の力を発揮することにつながる。

- 話すことが「もともと得意」な人でも、常に学びの余地はある。
- 「自分らしさ」に徹するのがいいと思っていても、それで相手の人たちに話が伝わるとは限らない。
- 同様に、お手本にする人のように話そうとすると、本当の自分ではなくなってしまう。
- 他の人たちは長年の経験から学んでいる——その知恵を借りれば時間を節約できる。
- 重要でないものなどない。小さなヒントでも大きな違いにつながりうる。

するべきこと

1――話の達人たちに学ぶ

次に話の上手な人に出会ったら、話の内容を追うだけでなく「話術」に焦点を合わせるようにする。ＴＥＤトークなどインターネット上の動画で、お気に入りの人を１人見つけ出す。そして、その人の話を注意深くたどりながら、何が効果を生み出しているのかを見極める。自分自身のプレゼンのスキルアップに生かせそうなことをすべて書き出す。

2――関連する他の分野から学ぶ

たとえばラジオやテレビ、あるいはコメディなどの軽い娯楽から話術を学ぶことができる。そうした人たちが何をどのようにしているのかに目を凝らし、耳を澄ます。自分にも採り入れられるアイデアを見つけ出そう。

3――まったく別の分野から学ぶ

はっきりした関連性はなくても、どんな分野の達人からも「話すこと」に役立つ事柄を学べる。たとえば、優れたアスリートやミュージシャンから多くのことが学べる。実際のパフォーマンスやインタビューなどから、彼らがどのようにして最高の状態に入っているか、あるいはミスから立ち直っているかを学ぶことができる。

4——自分がしている他のことから学ぶ

料理やガーデニング、音楽、スポーツなどは、いくら得意であっても話すこととは無関係であるかもしれない。しかし、それでも深く考えてみると、話すことにも生かせるスキルや質的な要素が見えてくるだろう。時間の使い方や準備の仕方に役立つことが見つかるかもしれない。自分の得意なことから話すことに生かせるものはないか、考えてみる。

5——自分自身のスタイルについて認識を深める

話すことは必ず、自分自身のスタイルについて認識を深める機会になる。うまくいった点と改善の余地がある点を見極める。自分の出来栄えを振り返ることに時間を割き、自己認識を高める。周りの人たちにもフィードバックを求める。こうすることで、うまくいっている部分について理解が徐々に深まっていく。そして、その長所をもっと生かすと同時に、うまくいかないことをやめられるようになる。

誰もが「話し上手」になれる。そのカギは、自分自身の真のスタイルを見つけ出すことだ。

——ギャビン・ミークル（『The Presenter's Edge〈プレゼンターの武器〉』の著者）

ポイント

話すことについて、自分の最大の長所をノートに書き出す——そして、それをさらに生かすようにする。

あなたの課題

1 話がうまい人を思い浮かべる——実際に知っている人でも知らない人でもかまわない。
2 その人の本当にうまい部分を1つ、ノートに書き出す。
3 それは自分のスタイルに生かせるものなのか、考えてみる。
4 それを実際に自分のスタイルに生かせる次の機会をノートに書き出す。

さらなる学びのために

"The Speech That Made Obama President"（6分間のYouTube動画）

秘訣4 プレゼンではなく「会話」をする

プレゼンは一方通行の形を取ることもあるが、実際のところはそうではない。聞く側の人たちも常に何らかの形で反応している。アイコンタクトや表情、身ぶりなどのボディランゲージでコミュニケーションしているのだ。笑ったり歓声を上げたり、驚いて息をのんだりすることもある。

堅苦しい形式張ったプレゼンにうんざりしている人は多い。そうした人たちは、「普通」の形で話しかけられると新鮮な空気を味わったような気分になる。一方的に話すのではなく、話しかけるようにすれば、はるかに雰囲気が良くなるのだ。

この点が重要である理由

「会話」がプレゼンと異なる感触をもたらす理由として——

- プレゼンは形式張った雰囲気になりやすい。
- 会話はフレンドリーで肩肘張らない感じになりやすい。
- 会話型のスタイルは聞く側をリラックスさせる。

●会話型のスタイルはラポート（心の通い合い）を生み出しやすい。

するべきこと

「会話」のようにプレゼンするための方法が5つある。

1——会話であるかのように考えれば、会話のような振る舞い方になる

内なる考え方が外面に表れ、話を聞く人たちの反応に変化を引き起こす。これが心のパワーだ。会話のように話せば、聞く側も個人的につながっているような感覚になる。「プレゼンをする」という姿勢ではなく「会話であるかのように」考えることだ。

2——相手を「まだ見ぬ友人」と考える

私はかつて、どのような研修コースでも教えるときには必ず不安を感じていた。扱いにくい相手がいるのではないか——。しかし、参加者たちと慣れ親しんでいくにつれ、ほぼ誰もがとてもいい人であることがわかるという結果であった。

そこで、はたと思い当たった。そうなるのを待つまでもなく、最初から全員いい人だと思っていいのではないか、と。こうして私は、参加者たちを「まだ見ぬ友人」と思うようになった。これは私の自信に大きな影響をもたらした。

あなたも、話を聞く人たちを友人と思えばいい。そうすることで聞き手への印象が良い方向に変わり、それによって相手の反応も同様に変わる。つまり「ウィンウィン」になる。

3――自分のプレゼンを「物語」として考える

プレゼンは、話す側も聞く側もくぐり抜けなければならない試練のように思いがちだ。一連のスライドがハードルのように思えてしまう。しかし、プレゼンには物語に似た側面がある。始まりがあって、次に中間の部分があり、そして終わりがある。

プレゼンを物語として考えれば、説明がしやすくなり、聞く人たちもメッセージを受け取りやすくなる。本書で紹介する秘訣の数々を生かして、読み始めたら止まらない本さながらに、聞く人たちの心を捉えて放さない「物語」をまとめ上げよう。

> **ポイント**
> 「のように」の原理を活用することが自分の求める成果につながる。

4――つながりを良くして流れを生み出す

良い会話には流れが必要で、プレゼンもまた同じであるはずだ。流れをつくるには、一つのポイントから次のポイントへのつながりを良くする必要がある。このつながりが道標のように働き、聞く側の人たちは、まとまりのある全体を常に意識できるようになる。脈略のはっきりした話が好まれるのは、話の筋を追いやすいからだ。

5——テキストを読まない——相手に語りかける

正確に引用する必要がある場合は別にして、原稿やスライドを読み上げるべきではない。読み上げるプレゼンは堅苦しくなりがちだ。原稿を読んでいることは聞く側にもわかるので、会話とは逆の印象を与えてしまうことになる。

会話型のスタイルにすれば、聞く人たちが話を楽しめるようになる。

あなたの課題

1 ロバート・ウォルディンガーのＴＥＤトーク（後述参照）を見てみる。会話スタイルの素晴らしいお手本だ。

2 それを見て素晴らしいと思ったことのなかから、自分が真似できると思うことを1つ、ノートに書き出す。

さらなる学びのために

"What makes a good life? Lessons from the longest study on happiness" by Robert Waldinger（TEDx BeaconStreetでの12分間の動画）、www.ted.com.

秘訣5 「ぶっつけ本番」を避けるべき理由

ぶっつけ本番とは何も準備をしないこと、つまり「すべて勘を頼りに」することだ。しかし、重要な意味をもつ場に臨むのであれば、準備に相応の時間をかけるべきだ。準備なしで成果が得られることは、ほとんどない。

この点が重要である理由

ぶっつけ本番のほうがリラックスできて自然に話せる、と言う人たちもいる。しかし、そうした自然さが成果につながるという保証はまったくない。どのような分野でも、そうした形で大きな成果が生まれることはほとんどない。ミュージシャンやアスリートは、やすやすと高度なパフォーマンスをしているように見える。しかし、それは入念な準備の結果であり、人前で話すことにも同じ法則が当てはまる。ぶっつけ本番は、次のような結果につながりやすい。

●重要な意味をもちうる細部への注意がおろそかになる。
●反対意見を想定せず、それに対応しうる準備ができていない。
●予期できたはずの問題に足をすくわれてしまう。
●話の構成にまとまりがない。
●素早く考え続けなければならない。
●簡潔でない「冗長」な話になる。
●準備していないことが聞き手にわかってしまう。
●プレゼンの時間を超えてしまう。

するべきこと

1――必要な準備を見極める

毎週の会議で状況報告をするのと年次会合で発表をするのとでは、必要な準備のレベルが異なるはずだ。

準備に失敗することで失敗の準備が整う

ベンジャミン・フランクリン

必要な準備のレベルを見極めるために――

●そのトークやプレゼンに自分はどのような結果を求めているのか、考えてみる。それが重要な結果であることがわかったら、入念に準備するだけの価値があるということになる。

●うまくいかなかった場合の影響について考えてみる。同僚たちに話をする場合と、クライアントにプレゼンする場合とでは、ミスがもたらす影響の重みが違うはずだ。

●相応の準備をしたら、「これで十分」ルールを当てはめる。

●同僚や友人の前でリハーサルをしてみて、十分に準備できているかを見極める。

ポイント

自分にとって大きなものが懸かっていて、大きな成果を上げたい場合には、念入りに準備する。

2――急場での準備に慣れる

時間が本当に少ない場合でも、準備をすることは常に可能だ。

●本書で紹介する計画の手順で準備する。時間が十分にない場合にも効果はある。

●暗記に時間をかけない。メモを見て話すようにする。
●まったく新しい資料などを作ろうとしないで、出来合いのものなどを探して時間を節約する。
●友人や同僚に似た経験をしたことがないか聞き、アドバイスをもらって準備にかかる時間を減らす。

3――「アドリブ」で話すことを練習する

日頃から「アドリブ」で話すことに慣れておけば、メモ作りにかける時間を減らせるはずだ。たとえば会議で突然、話を振られた場合、次のような方法ですらすらと話すことができる。
●「秘訣19」で説明する「アドリブ」で話す場合の指針を活用する。頭の中で考えを素早くまとめて話す「構成」の仕方を身につけよう。
●不安の克服に役立つ「秘訣30」を参照する。
●ボディランゲージに関するヒントを生かす。自信をもつことについては「秘訣35」、ボディランゲージや話し方で信頼性を高めることについては「秘訣40」を参照。
●時間があれば、2つか3つでも話の要点をメモ書きする。まったく準備がないよりはいい。

正しい準備が成果をもたらす。

あなたの課題

自分が次回行うトークやスピーチ、プレゼンのために次のことをノートに書き出す。

1 うまく話すことで生まれる最大のメリット3つ。
2 失敗することで生じる最大の悪影響3つ。
3 適切な準備をするうえでの最大のポイント。

さらなる学びのために

“*The Presenter's Edge: How to Unlock Your Inner Speaker*”（2016）by Gavin Meikle. 実用的なヒントが簡潔にまとめられている。準備の時間がなく、すぐにどうにかしなければならない場合に特に役立つ。

02 計画を立てる

秘訣 6 成功の4つのカギ――結果、ラポート、注意、柔軟性

成功への道を開くこの4つのカギは、本書で紹介する他の「秘訣」を支える柱になるものだ。この4つを常に念頭に置くことによって、正しいコースから外れずに準備から練習、実行へと進んでいける。

この点が重要である理由

4つのカギが重要である理由として――

●すでに効果が実証されている。たとえ自覚はしていなくても、話の達人の誰もがこの4つのカギを活用している。

●この4つのうち1つでも欠けていると、聞く人を納得させることはできない。
●相手や状況が様々に変化しても、不変の指針となる。
●計画を立てる一方で、柔軟に状況に対応できるようになる。
●4つのカギの重要性を理解することで、話す力が向上する。

するべきこと

見事な話をするためには、次の4つのことをする必要がある。

1――常に結果を意識する

「問題点について考える」のではなく「結果について考える」ことによって、焦点が「自分の目的」に絞り込まれる。結果をはっきり見通しておくことによって、自分が所期の成果を上げられたかどうかがわかるようになる。さらに準備や練習、実行について、より良い判断を下せるようにもなる。自分が追い求める結果という観点から、正しい考え方をしているかどうかを確認できるようになるからだ。

2――ラポートを築く

ラポート（心の通い合い）を築くことは、自分の考えに耳を傾けてもらううえで欠かせない。話をする側のあなたは、聞く側の人たちに絶えず影響を及ぼすことになる。実際、あなたが演壇に上がった瞬間、相手の人たちは何がしかの印象を受ける。まだ話を始める前の段階でだ。「影響を及ぼさないことは不可能」というのは正しい。

相手を自分の考え方に引き込むには、ラポートを築いて維持する必要がある。ラポートを築く秘訣の一つは「ペーシング（pacing＝歩調を合わせること）」、つまり自分の観点ではなく相手の観点に立って話を始めることだ。

3——注意を払う

これは、その瞬間に起きていることを認識するということだ。目と耳で「知覚認識」をする。意識を自分自身ではなく外側に向ける、つまり話を聞く人たちに注意を向け続ける必要がある。そうすることで、自分の話がどう受け止められているか、重要なフィードバックが得られる。これはつまり、問題が生じていることに気づき、すぐに対処できるということだ。たとえば、相手の人たちの反応から、自分がラポートを築けているか、あるいは失っているかを見分けられる。意識を「外側」に向け、素早く問題に気づけるようにする。

4——柔軟性をもつ

うまくいっていない部分があることに気づいたら、何かを変える必要がある。計画・

練習の段階では、試してみながら変えていく柔軟性が求められる。本番では、話を進めながら微調整を加えていくことになる。状況によっては、大きな修正が必要となる場合もある。たとえば、相手とのラポートが失われてしまったら、最初にするべきことはラポートを取り戻すことだ。

ポイント

常に結果を意識する――しかし同時に、臨機応変に進んでいく。

自分のパフォーマンスを次の段階に高められるように、この４つのカギを行動に取り入れる。

あなたの課題

ラポートに注意を払う練習をする。

1 次に誰かと話すとき、相手の表情をうかがうようにする。
2 ラポートが強まったり弱まったりする変化に目を凝らす。
3 グループでの会話でも同じことをする。最もラポートの高い人と低い人を見極める。

こうすることで、次回のプレゼンで観察力が高まる。

さらなる学びのために

ジェニー・Z・ラボード著『ビジネスを成功させる魔法の心理学』(メディアアート出版、2005年)。この「秘訣」で紹介した事柄についてさらに学び、セールスや交渉といったコミュニケーションへの活用法も身につけられる。

秘訣 7 所期の成果を得るために、プレゼンの先に目を向ける

「向かっている先がわからなければ、別のところに行き着いてしまうかもしれない」というのは、トークやスピーチ、プレゼンにも当てはまる。結果を念頭に置いて計画を立てる必要がある。

この点が重要である理由

自分が求める結果をはっきりさせておくべき理由として――

- そうすることによって焦点が定まる。
- 結果を思い浮かべることで、成功の基準がはっきりする。
- それに基づいて計画を立てられる。
- 正しい道筋を進んでいける。
- 目標達成に無意識的な力も働くようになる。

何をするべきかはすべて、自分が追い求める結果によって決まる――したがって、求める結果がはっきりしていなければならない。

するべきこと

プレゼンの先に目を向ける

話すことは目的に対する手段だ。話をすることによって、自分はどのような成果を得ようとしているのか、プレゼンの先にまで目を向ける必要がある。たとえば、契約を取ることを目指しているのなら、クライアントに対するプレゼンで相手を納得させる必要がある。

この一例は、往々にして成果は自分のコントロールが及ぶ範囲外にある、ということを示している。この点を理解するには、スポーツの目標設定について考えるとわかりやすい。その目標には次の3つの種類がある。

●**結果の目標**　たとえば、オリンピックの陸上400メートルでメダルを取る。
●**パフォーマンスの目標**　たとえば、400メートルを45秒で走る。
●**プロセスの目標**　たとえば、練習のスケジュール。

「結果の目標」は、アスリート自身が完全にコントロールできる範囲内にはない。3人が自分より速く走れば、メダルは取れないからだ。しかし、適正な「パフォーマンスの目標」を達成することによって、メダル獲得という「結果の目標」を達成できる可能性も高まる。その「パフォーマンスの目標」は「プロセスの目標」の完遂によって達成される。

トークやスピーチ、プレゼンにも同じ3種類の目標が当てはまる。

スポーツの例と同様にプレゼンもしばしば、自分の力で結果をコントロールできない状況になる。どんなにうまく売り込んでも、クライアントから契約をもらえないかもしれない。次に挙げる例は、関連性をもつ目標を達成することによって、自分が求める結果に到達できる「可能性」が高まるということを示している。そうした目標の成否は、「適切な内容」をプレゼンできるかどうかによって左右される。

結果の目標（プレゼンの結果としての目標）

●クライアントが発注して製品を買ってくれること――自分でコントロールすることはできないが、説得力のあるプレゼンで可能性を高めることができる。

パフォーマンスの目標（プレゼンが終わるまでに達成できる目標）

●プレゼンが終わるまでに、クライアントが製品について理解し、自社の事業が価値をもつものであることを認めてくれる――十分な水準の説明をすればクライアントに理解してもらえるはずなので、自分でコントロールできる範囲内にある可能性が高い。

プロセスの目標（プレゼンが終わるまでに伝えるべき内容）

●製品A、B、Cが相手の事業に対してもつ価値を説明する――説明は可能なので、完全に自分でコントロールできる範囲内にある。

このように「理想的」な結果は自分のコントロールが及ばないところにあるとしても、そこに向かって進もうとすることが正しい道筋になる。計画づくりのプロセスにおいて、次に挙げる「秘訣」は以下のことに役立つ。
●現実性という観点から所期の結果をチェックする。
●最終的に求める結果が現実的な範囲になるように調整を加える。
●プレゼンの計画づくりに必要な手順を踏む。

あなたの課題

1 自分の「結果の目標」をノートに書き出す（複数でも可）。
2 自分の「パフォーマンスの目標」をノートに書き出す（複数でも可）。
3 自分の「プロセスの目標」をノートに書き出す（複数でも可）。

さらなる学びのために

"TED's secret to great public speaking." ＴＥＤ代表のクリス・アンダーソンの7分間の動画。
www.ted.com.

秘訣8

6つのステップで準備する

プレゼンなどの準備を始めるとき、どこから手をつければいいのか思い悩んでしまうこともある。しかし、ここで説明する手順に従えば、筋道を立てて効率的に準備を進めていける。この手順を踏むだけで十分な水準の基礎が固まる。

この点が重要である理由

6つのステップに従うことで——

- 終着点を意識して準備に取りかかれる。
- 望ましい結果に向かって、すべてを進めていける。
- 必要な話の内容が明確化する。
- 論理的な流れに沿った話になる。
- ビジュアルの選択が簡単になる。
- 取りこぼしが起きにくくなる。

準備はあなたが思っている以上に時間がかかる――したがって早めに取りかかったほうがいい。

するべきこと

次の6つのステップを踏む。

1――プレゼンをする相手について考える

相手を思い浮かべずにプレゼンの準備をするのは、ラブレターを書いて『関係するみなさん』宛てにするようなものだ。

ケン・ヘマー（元AT&Tプレゼンテーション・リサーチ・マネジャー）

次の点について考えよう。

- 誰が出席するのか。
- なぜ出席するのか。
- 何を求められているのか。
- 出席者の人数は？
- 当該のテーマに関する相手の知識レベルは？

●プレゼンにどんな反応を示しそうか。

相手の人たちが抱きそうな疑問点の見極めについては、「秘訣9」で取り上げる。

2――結果と目的の設定

旅行の計画とまったく同じように、まずどこにたどり着きたいのかを最初に考える必要がある。

自分が求める結果をはっきりさせる

「秘訣7」で説明したように、プレゼンの先まで見据える必要がある。

たとえば、プレゼンの結果として――

●チームが安全に働けるようになる――プレゼンで説明した安全性向上のための慣行を通じて。

●学生が試験前に効果的に復習できるようになる――説明したテクニックを使って。

●相手先から仕事をもらえる――業務委託契約が結ばれて。

自分の目的を設定する

自分が求める結果が現実になるように、プレゼンで次のことを達成する必要がある。

まず、目的は次の3つに分けられる。

●知識を伝える。

●スキルを高めさせる。
●態度や考え方を変えさせる——通常は行動への動機づけを与えて。

この3つの目的それぞれについて、次のような形で考えることが効果的だ。
プレゼンが終わるまでに、相手の人たちは——

●……を理解する（……について知る）。
●……ができるようになる。
●……について行動を起こそうとするようになる。

それぞれの目的について、例を挙げてみよう。

●**理解**　チームのメンバーが、安全性向上のための10の慣行について説明できるようになる（つまり知識を獲得して理解する）。
●**可能化**　学生が視覚記憶法を使えるようになる（つまり「可能化」される）。
●**行動**（態度や考え方への影響）　事業にもたらされる効果を相手側が理解し、業務委託の契約をしてくれる。

3——時間と環境について考える

計画段階に関わる他の要素として、時間と環境がある。

時間

●どれだけ時間をもらえるか。
●質疑応答を含めての時間か。
●多少の融通は利くか。

環境

●部屋の大きさは?
●椅子はどう配置されるか。
●機器も備わっているか。

その場がどう設定されるのかによって、フォーマルかインフォーマルかなど、雰囲気が変わることになる。

自分にとって理想的な設定にするために、できることは?

ここでストップ!

先に進む前に確認しておくこと

次の「ステップ4」に進む前に、次の三角形を見てほしい。ここまでの3つのステップを図

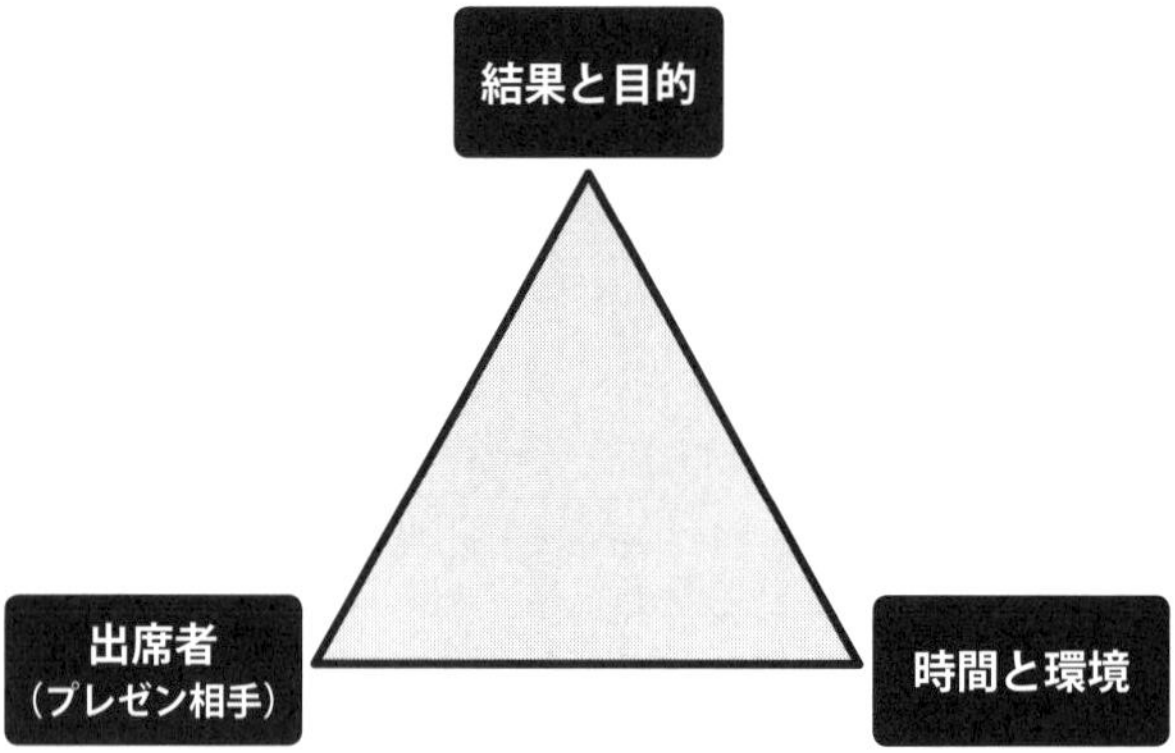

示したものだ。所定の時間と環境の中で、出席する人たちに対してプレゼンを行い、自分が求める結果と目的が達せられるように確認しておく。

現実離れしているように思える場合には、手直しをする必要がある。たとえば、時間が足りないようなら、求める結果の水準を引き下げる。あるいは、時間を延長してもらえるよう願い出ることもできる。この三角形で「リアリティチェック」を終えたら、次のステップ4に進む。

4——内容の構成

次の3つのステップに従う。

●思いつく内容をすべて洗い出す。
●取捨選択をする。
●その内容を論理的なつながりをもつ「ストーリー」にまとめ上げる。

5――ビジュアルの作成

話の内容を整理したら、次はビジュアル（視覚的な要素）をどうするか考える。まず「本当にビジュアルが必要なのか」と自問してみる。必要ないかもしれないからだ。ビジュアルの作成については「秘訣22」で説明する。

6――リハーサル

リハーサルをすることは、話し方に磨きをかけるのと同時に話の内容を練り上げることに役立つ。

準備段階でリハーサルをしてみることによって――

●仕上がり具合を確認できる。
●語句を推敲し、説明の仕方を改善できる。
●フィードバックが得られる。
●修正を加えて最終版に仕上げられる。
●自分用の「台本」やメモをまとめられる。

実際に話せる準備が整ったら、次は練習で話し方に磨きをかけていく。何度も繰り返すことで、完成度の高いパフォーマンスに近づいていける。リハーサルに関しては「秘訣33」で説明する。

あなたの課題

一連のステップに慣れるために――

- 最初の5つのステップに従って、実験的に短時間で話の内容をまとめてみる。

さらなる学びのために

"The Presentation Book: How to Create it, Shape it and Deliver it!"（2017）by Emma Ledden.
第4章「The Six golden rules of Audience Focused Presenting（相手にフォーカスするプレゼンの6つの黄金則）」で、準備の実用的な指針を学べる。

秘訣 9 「Why」「What」「How」「What if」に答える

この4つの問いは、バーニス・マッカーシーの「4MAT《フォーマット》システム」に基づいている。このシステムは、プレゼンのわかりやすさを最大限に高める構成に役立つ。それというのも、聞く側の人たちは多かれ少なかれ、この4タイプの疑問を抱くことになるからだ。その4つをすべてカバーすることで、たとえ全員とはいかないまでも、ほとんどの人の関心を引きつけることができる。

この点が重要である理由

4タイプの疑問に答えることによって、次のことが可能になる。

- 全員あるいは大部分の人の関心を引く内容のまとめ上げ。
- わかりやすい流れの構成。
- 重要なポイントの取りこぼしの防止。
- 相手に対する説得力を高めること。
- 相手の反応を行動につなげること。

するべきこと

プレゼンを聞く相手の立場に立って、次の問いに答えてみる。このセクションで示す指針に従って、それぞれの問いに対する答えをプレゼンの内容のまとめ上げに生かす。

1――Why?（なぜ？）

プレゼンを聞く側の観点から、次の問いに答える。

●「なぜ、この話を聞くべきなのか」
●「なぜ、このテーマが重要なのか」
●「なぜ、自分がプレゼンをするべきなのか」
●「なぜ、今なのか」

これ以外にも、当該のテーマと関連する「なぜ」について考えてみる。

2――What?（何なのか）

次の問いに答える。

●「最も重要なメッセージは何か」
●「どのような考えなのか」
●「どのような理論（あるいはモデル）なのか」
●「聞く必要のある情報や証拠は何か」

これ以外にも疑問点を考えてみて、ノートに書き出す。

3――How?（どのように？）

次のような現実的な問いについて考えてみる。

●「どのように機能するのか」
●「実用性を説明できるのか」
●「具体的な事例については?」
●「この理論を裏付ける証拠はあるのか」
●「実際に示すことができるか」

4――What if?(……の場合には?)

これには2種類の問いがある。

(a)ネガティブな「What if」

たとえば、次のような難点が該当する。

●その計画に伴うリスク
●論理の弱い部分
●主張の説得力の低下や否定につながりうる反例
●その指針が当てはまらない例外的な状況

このような点に関する懸念は、次のような質問につながるかもしれない。

●「予算が十分でなかったら、どうなるか」
●「計画の対象範囲が広がったら、どうなるか」

●「クライアントの支払いが遅れたら、どうなるか」
●「機材がそろわなかったら、どうなるか」
自分のプレゼンについて、その内容に関する具体的な疑問点を考えてみよう。

ポイント
誰かに「難癖をつける人」になってもらい、出てくる可能性のある最も厄介な質問について考えてみる。

(b)ポジティブな「What if」
話を聞いている人たちがすでに先々のことについて、次のように考えるようになった状況だ。
●このような情報を今後にどう役立てられるか
●提案された計画を実行した場合のメリット
●成功で開ける未来のビジョン
このような思いは、次のような質問につながるかもしれない。
●「自分にとって、これはどう役立つか」
●「この考え方をどう当てはめられるか」

●「これをどのように実践できるか」

●「結果はいつわかるか」

自分のテーマに当てはまる質問について考え、さらに関連する別の質問も想定して考えてみる。答えはすべてノートに書き出しておき、プレゼンで話す内容の取捨選択に利用する。

話の内容をまとめ始める前に前述の４つの点について考えることで、準備段階でのレベルが高まる。

あなたの課題

前述の４つの点について自問することに慣れるようにする。

1 自分が話をするテーマについて考える。

2 話を聞く人たちの頭に浮かびそうな疑問点をすべて洗い出す。

3 それをノートに書き出す。

4 その答えを話の内容の取捨選択に役立てる。

さらなる学びのために

"*The 4MAT System: Teaching to Learning Styles with Right/Left Mode Techniques*"（1981）by Bernice McCarthy.「4MATシステム」について詳しく知ることができる。教えることや学ぶことへの応用についても学べる。

秘訣10 論理的に成り立つように構成する

誰でも、まとまりのない話を聞いたことはあるはずだ。以下に説明する「論理的な構成」に従えば、どんな話でも物語のような流れで聞かせることができる。

この点が重要である理由

論理的な流れが欠けていると——

● まとまりがない話だと受け止められる。

●話がわかりにくくなる。
●最も重要なメッセージが埋もれてしまう。
●相手の関心を引きつけて行動に向かわせることが難しくなる。
●信頼性が損なわれてしまう。

するべきこと

バーニス・マッカーシーの「4MATシステム」をふまえた次のような構成を活用する。「秘訣9」で取り上げた「Why」「What」「How」「What if」に対する答えを、次の指針に従って自分のプレゼンの内容に織り込んでいく。

1――簡潔な「What?」

これはプレゼンの内容を相手の人たちに説明する例文だ。たとえば――

●「最新の保安対策指針が現場の働き方にどのような影響を及ぼすか、ご説明します」
●「計画の進捗状況についてご報告し、未解決の主要な問題点を取り上げたいと思います」
●「次年度の目標を共有し、その達成に向けてどのようにご協力いただきたいか、ご説明いたします」

2──Why?

これは次の事柄に関係する。

●ラポート（心の通い合い）の構築

●好奇心をかき立てること

●話を聞くことへの動機づけ

話を聞く人たちにとっての起点から始め、「成果」に向かって導いていく。

●なぜ重要なのかを理解させる──話を聞くべき理由を示す。

●好奇心をかき立てるために、反語的表現で質問を投げかける。

●問題点について説明する。

●問題を放置した場合の影響を示す。

●問題を解決することのメリットを強調する。

その上で、話を次に進める「つなぎの言葉」を入れる。

●「以上のような理由で、どのような取り組みをするべきか、お話ししていきます」

3──What?

これが最も重要なメッセージとなる。つまり内容の中心部分で、次の事柄が含まれうる。

●計画

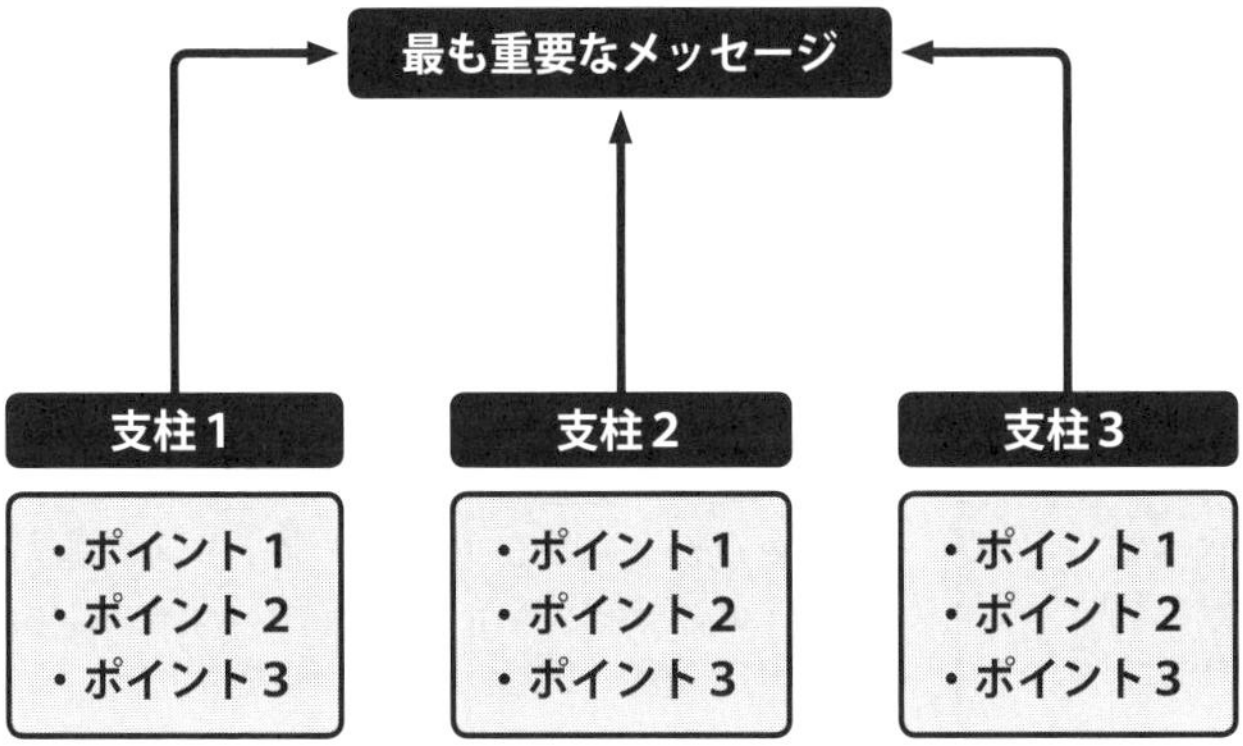

●理論
●中心をなす概念

4――How？

「支柱」となる部分。自分のアイデアが実際にどのような効果を生むのかについて説明し、類例や事例研究、デモンストレーションなど、その裏付けとなるものを示す。

　上の構成図が参考になる。ストーリーボード（広告などの絵コンテ）の作成に似ている。ここでの構成によって、次のことが可能になる。

●話の内容を個々の「情報のまとまり」に切り分ける。
●それぞれの「まとまり」を理解しやすい順序にまとめる。

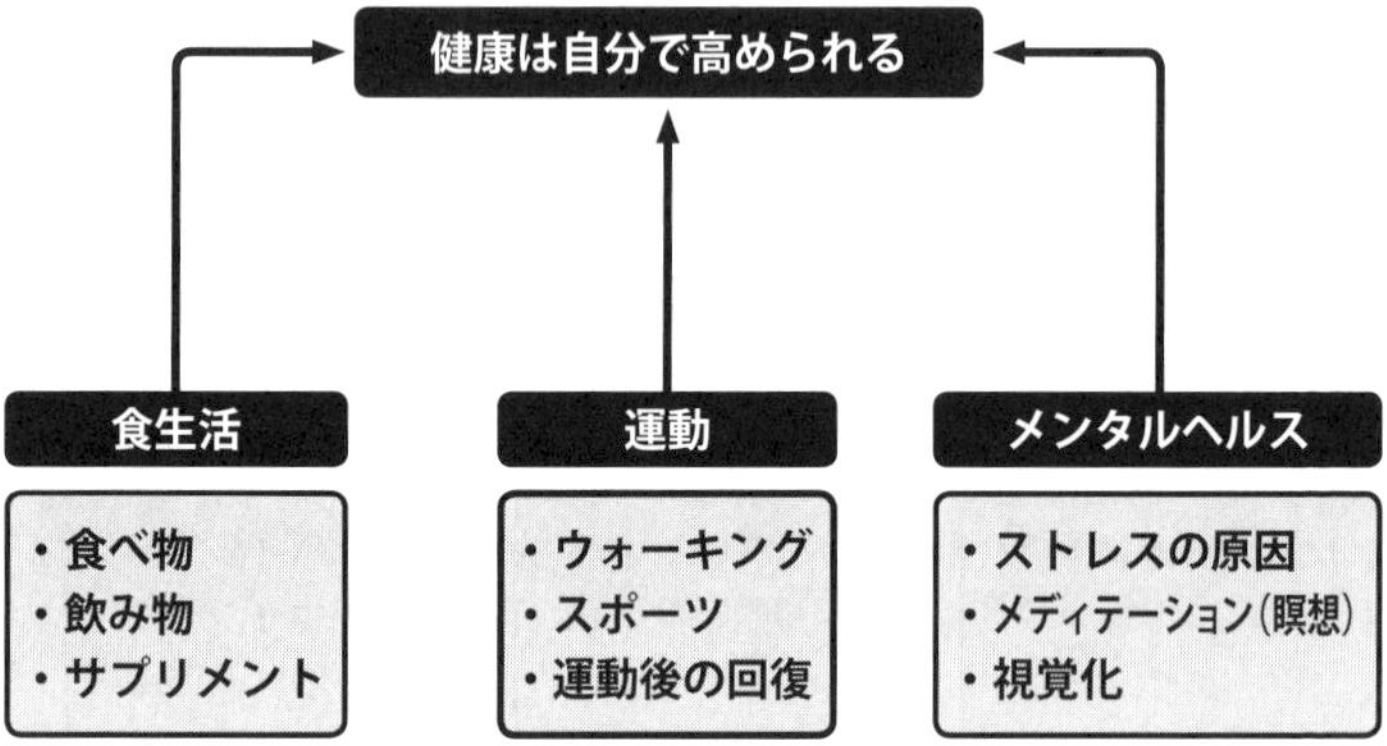

ポイント

「3のパワー」を活用する――「3つのポイント」が人の記憶に残りやすい。

「3のパワー」は次のような形で生かせる。

●「生産性を高める方法は3つあります」

●「行動を起こすべき理由は3つあります」

●「企業が最も犯しやすい3つの間違いは……」

上に一つの具体例を示した。

5――What if?

「……の場合には？」には2つの側面がある。ネガティブな側面とポジティブな側面だ。

(a)ネガティブな「What if?」

相手の頭に浮かぶ懸念に先回りする形で話を進める。

●「このことが起こった場合には……」

●「これがうまくいかなかった場合には……」

●「例外的な状況になった場合には……」

(b)質問が出た場合――質疑応答の格好のタイミング

ここで質問を受け付け、聞く側の人たちからアイデアを得ることもできる。

(c)ポジティブな「What if?」

ポジティブな形で話を終わらせるようにする。

●最も重要なメッセージをあらためてまとめる。

相手の記憶に残るように、もう一度メッセージを伝える。

●行動を起こすことを働きかける。

相手に行動を求める場合には、ここが訴えかけるタイミングになる。

●先行きの新たな現実を示す。

自分が提案した行動がもたらす結果について説明する。何がどう変わるのかを具体的に示す。この3段階のプロセスについては、「秘訣60:静かにではなく、力強く締めくくる」で詳しく説明する。

あなたの課題

1 次にするプレゼンについて考える。
2 前述の構成に従い、話の論理的な流れをまとめる。
3 付箋に重要なポイントを書き出し、並び替えながら話の流れが最も良くなるようにする。

さらなる学びのために

ナンシー・デュアルテ著『ザ・プレゼンテーション』(ダイヤモンド社、2012年)。第6章と7章が「話の構成」についてとても参考になる。

秘訣 11 リズムに変化をつける

音楽の場合と同じように、出だしから変化のない一本調子の話が続くと、聞く側は関心を失ってしまう。話の中身と話し方、ペースに十分な変化をつけることによって、関心を引き続けることができる。

この点が重要である理由

- 同じ調子では退屈になり、聞く側が飽きてしまう。
- 飽きられると「ゾーン・アウト」（集中力を失うこと）が起こり、注意を向けてもらえなくなる。
- 変化をつけることによって、好奇心や興奮をかき立てられる。
- リズムを変えることで、重要なメッセージが記憶に残りやすくなる。
- リズムの変化によってインパクトが強まる。
- インパクトが強まれば、自分が求める行動に相手を促しやすくなる。

するべきこと

上の「始まり―中間―終わり」のチャートに従って、話のリズムに変化をつける。するべき重要な事柄が3つある。

始まり	中間	終わり
相手にとっての起点から始める 好奇心をかき立てる 注意を引きつける ペースと導き方に配慮する	コントラスト　ストーリー 比喩　論理　感情 見る　聞く　感じる 記憶に残る言葉や画像 ユーモア　驚きの瞬間 エネルギーを高める 考え方を揺さぶる 変革の必要性を示す 変革をしない場合に行き着く結果 変革に協力しやすくする	まとめ 行動への働きかけ 新しい姿を描き出す

1――内容に変化をつける

●話題を変え続ける――一つのポイントに必要以上長くとどまらない。

●要点を大まかに示す――必要がある場合を除いて、細部に深く踏み込まない。

●つながりを強くする――一つの内容から次の内容へ、前後のつながりを考える。

2――方法に変化をつける

複数の感覚に訴える

人によって記憶の仕方には違いがある。プレゼンの方法に変化をつけて複数の感覚に働きかければ、それぞれの人に合う環境で訴求力を高められる。次のような方法を用いることができる。

●**見る**　写真やグラフ、フローチャート、ダイヤグラム、動画。

●**聞く**　物語、事例研究、ジョーク、エピソード、事実、音楽。
●**話す**　特定のポイントについて隣の人と話してもらうなど。
●**する**　パズルを解いたり、何かを書いたり、別の人と（あるいはグループで）共同作業をしてもらうなど。

> **ポイント**
> **自分が好む方法だけに頼ろうとしないこと——多彩な方法で変化をつける。**

3——ペースに変化をつける

「内容」や「方法」を変えると、おのずとペースも変わることになる。しかし、意図的にペースとエネルギーを変えることで、さらに効果が高まる。

●ペースを落としてドラマ性を加える。
●ペースを上げて興奮を高める。
●頭にしみ込ませるために一時停止する。
●軽やかさと楽しさで活気を保つ。
●重々しさで重要な点を強調する。

あなたの課題

次にするプレゼンなどでリズムに工夫を加える。

1 自分が書いた原稿を楽曲として考えてみる。

2 内容や方法、ペースについて、すでに変化をつけてある箇所を見極める。

3 そうなっていない部分をノートに書き出す。

4 前述の指針に従って、それらの部分を改善する方法を考える。

5 その中で最も良いアイデアだけを使って、本番に生かす。

さらなる学びのために

"The transformative power of classical music". TED2018でのベンジャミン・ザンダー(Benjamin Zander)の20分間の動画。www.ted.com. 人々を引きつけ続けるバリエーション豊富な一例を見ることができる。

秘訣12 相手にとっての起点から始める

自分の考えを示すことに熱を入れすぎると、相手のことを考えない状態になりかねない。自分の考えを示すことを考える前にまず、聞く側の人たちの考え方や感じ方について考える必要がある。

この点が重要である理由

プレゼンがこんな言葉で始まることがある。

- 「今日は……についてお話しする機会をいただき、とても気持ちが高まっています」
- 「業務の仕方を変えるための計画について、ご説明したいと思います」
- 「……の新しい方法についてご説明できることを、とてもうれしく思っています」

あなたの言っていることが相手の人たちの感じ方と一致しないと、溝が広がってしまうことになりかねない。話す側が興奮していても、聞く側はまだ興奮するべき理由がわからないからだ。

するべきこと

1――相手にとっての起点から始める

提案内容の説明に入る前に、相手の立場に立って考えてみる。相手の人たちの現在の状況や懸念、ニーズに沿った事柄から話を始める。

ポイント
ラポート（心の通い合い）を高めるために、相手の歩調に合わせる。

相手の人たちに歩調を合わせると、自分の提案に向かって導いていきやすくなる。「ペーシング&リーディング（pacing and leading）」と呼ばれる方法だ。

・ペーシング

あなたの言うことが聞く側の人たちの考え方や感じ方と一致している場合、あなたは相手の人たちと並んで歩いている――つまり、相手の今の「現実」を認めているということになる。このような「ペーシング」は言葉だけでなく、声の調子やボディランゲージによっても起こりうる。たとえば、懸念を抱いている相手に対しては真剣な声で話すというように。『NLP（神経言語プログラミング）入門』の著者ジョゼフ・オコナーとジョン・セイモアは、このことを「橋」に例えている。「まず橋を架けなければ、誰かを渡らせることはできない」

・リーディング

これは、自分が望む方向に相手を導いていくことだ。最初に正しいペーシングでラポートが築かれていれば、相手はあなたの言うことに耳を傾けやすくなる。

2――ペーシング&リーディングの準備

(a)出席者について考える

●どのような立場で出席するのか。
●出席は任意か強制か。
●相手は専門知識をもつ人たちか。
●相手にとって新しいテーマか。

(b)「自分の話について、相手の人たちはどう思っているか/感じているか」と考えてみる

●「時間を割くだけの価値があればいいが」
●「この計画については難問が多い」
●「役に立つ助言がほしいものだ」

(c)相手の人たちの思いや感じ方と重なる言葉で始める構成にする

「イエスのセット」を活用する

「イエスのセット」とは、相手の人たちの思いと重なる言葉、つまり相手が心の中で「イエス」と言うような事柄だ。この「イエスのセット」によって、自分の観点でなく相手の観点から話を始められるようになる。

●「お忙しいなか、時間を割いてお集まりいただき、ありがとうございます」
●「もうお気づきかもしれませんが、新しいシステムにいくつか問題が生じています」
●「そのために大きな問題に直面した方たちもいます」

注意するべき点として、出席者の一部にしか当てはまらないことは言うべきでない。他の人たちの気分を害することになるからだ。全員が含まれるように、「もうよくご存じの方もおられるでしょうが、まったく初めてという方もいらっしゃるかと思います」というように話す。そうすれば、全員を対象にした「ペーシング」になる。

(d)「つなぎ」の言葉を使う

「ペーシング」の言葉を「リーディング」の言葉につなげる。こうすることで、話を聞く人たちは今聞いたことが次の話にどうつながるのか、脈絡が見えるようになる。加えて、「イエスのセット」と次の話のつながりも良くなる。

「つなぎ」の言葉としては、たとえば――

●「したがって、現在の対処法についての意見はみなさんと同じです」

●「この問題に対処するために、私の考えをご説明したいと思います」

●「このような問題が生じているために、X、Y、Zをする必要があります」

3――十分なペーシング

よくある大きな間違いは、「リーディング」に入るのを急ぎすぎることだ。

トム・バード、ジェレミー・カッセル（『The Leaders' Guide to Presenting〈リーダーのためのプレゼンの手引き〉』共著者）

バードとカッセルは、事例の一つとして「再度の変革計画に不満を募らせる社員」たちに対するプレゼンを挙げ、このような場合には「ペーシング」にかける時間を長く取る必要がありそうだと指摘している。先を急ぎすぎると「ただのリップサービス」ではないかと思われかねないからだ。

ポイント

相手の反応を見る。相手がうなずいていれば同意していることがわかる。顔の表情からラポートの具合も読み取れる。

あなたの課題

1 次にするプレゼンや話のテーマについて考えてみる。

2 前述の「するべきこと」のステップ1〜3に従い、相手の起点に合う話の始め方をノートに書き出す。

3 そうしたフレーズを使って、話の始め方を練習する。

さらなる学びのために

"*The Leader's Guide to Presenting: How to Use Soft Skills to Get Hard Results*"(2017) by Tom Bird and Jeremy Cassell. 動機づけや関係を高めるためのプレゼンに焦点を合わせている。第6章で「ペーシング&リーディング」を詳しく取り上げている。

秘訣

13 現状と改善後の状況を示す

相手の人たちに行動を促すには、それがもたらす結果を示す必要がある。現状と改善後の状況の違いを示すことによって、相手を自分の提案内容に引き込むことができる。実現可能なビジョンを示すと、相手は目を見開くことになるからだ。

この点が重要である理由

人によっては、嫌なことから逃れることが動機づけになる。問題や厄介な仕事を避けることなどだ。そうしたタイプの人は、たとえば重要な期限を守らないなど、行動を取らない場合の悪い結果を示すことで行動へと促せる。その一方で、目標など、何かに向かって進んでいくことに動機づけられる人もいる。このタイプの人は、良い結果につながるということが行動の動機づけになる。

職場での行動に関するロジャー・ベイリーの研究によると、「向かっていく」パターンと「逃れようとする」パターンの割合は、それぞれ4割ほどだ。現状がどれほどひどいものであるか、そして、それをどれほど良くできるかという対比から話を始めれば、どちらのタイプの人も動機づけられるばかりか、「向かう」と「避ける」が半々に入り交じった状態の残り2割の人たちも動機づけることができる。

するべきこと

1――現状を示すことから始める

現在、どのような状況にあるかを説明する。相手の人たちも認識している問題かもしれないので、自分たちの思いを理解してくれていると受け止められ、ラポート（心の通い合い）が築かれる。話の始め方については「秘訣12」で詳しく説明した。

2――改善後の状況を示す

現状から「逃れて」、望ましい「改善後の状況」に「向かっていく」ことのメリットについて説明する。ナンシー・デュアルテは著書『ザ・プレゼンテーション』の中で、このことを冒険に人々を引き込むことに例えている。

相手を冒険に誘い込むには、もたらされうるものを記憶に刻みつける大きなアイデアを示すことだ。これが、聞く側の人たちが現状と改善後の対照的な違いを初めて知る瞬間になる。

ポイント

「現状」と「改善後の状況」の対比を話の冒頭部分で強調する。

大きな差を強調すると、動機づけが高まる。私がＴＥＤｘＨｕｌｌで講演した際、「みなさんの中に、絵を描けるという人はどれくらいいますでしょうか」という質問に「イエス」と答えた人は、聴衆のごく一部分だった。これで「現状」が示された。私は次に、自分が描いたマンガの絵を何枚か見せて、こんなふうに描けるようになりたいと思いますかと聞いてみた。これで「現状」と「改善後の状況」が示されたわけだ。

対比の例としては他に――

- 現在の成果と潜在的に可能な成果
- 現在の仕事の大変さと改善後の負担軽減
- 現状の問題点と可能な解決策
- 現在の苦痛と改善後の緩和
- 現在の技能水準の低さと改善後の卓越性
- 「しない場合」と「する場合」の対比

3——「ギャップを埋める」話の構成

となると次は、相手の人たちを「現状」から「改善後の状況」に導いていくための話になる。本書で紹介する一連の「秘訣」を生かして、話の構成を練り上げよう。

影響言語

シェリー・ローズ・シャーベイは著書『「影響言語」で人を動かす』の中で、「向かっていく」タイプの人には「達成する」「獲得する」「手にする」「取る」「含む」「成し遂げる」などの言葉を使うのがいいと指摘している。これに対し「避けようとする」タイプの人には「回避する」「防ぐ」「除去する」「解決する」「取り除く」といった言葉がいいという。

全員に働きかけられるように、両方のタイプの言葉を使うようにする。

話が終わるまでの間に、相手の人たちは望ましい状態にならないかもしれない。これはつまり、行動への働きかけはまだ「最初の一歩」にすぎないのかもしれないということだ。

あなたの課題

次にするトークやプレゼンのために——

1 前述の指針をふまえて、「現状」と「改善後の状況」の差を強調する導入部分をノートに書き出す。

2 自分一人の練習で全体を通して話してみる。

3 必要に応じて手直しをする。

さらなる学びのために

ナンシー・デュアルテ著『ザ・プレゼンテーション』(ダイヤモンド社、2012年)。第2章「神話や映画に学べ」が「現状」と「改善後の状況」の対比などにとても役立つ。

秘訣14

行動への動機づけを与える

人が行動を起こすには、そうしたい、あるいはそうする必要があると「感じる」ことが必要だ。現状での相手の感じ方と、あなたが相手に求める感じ方に大きな落差がある場合には、移行を促す必要がある。相手の「起点」から始めて、進ませたい方向に少しずつ導いていく。

この点が重要である理由

物事に対する感じ方が簡単に変わることは、まれにしかない。ということは基本的に、相手の人たちの受け止め方を少しずつ自分が望む方向に導いていく必要がある。

最初に相手の感じ方を見極めることによって——

●相手の今の感じ方と、あなたが相手に求める感じ方との落差を見定められる。

●自分の話によって相手の感じ方を変えられるかどうか、という点を見極められる。現実性が乏しいようであれば、どう対処するかを考えることができる。

●相手にとっての「起点」から話を始められる。

●相手を引き入れることにつながる感情を生み出す話の内容を考えることができる。

●自分が相手に求める行動の動機づけができる。

するべきこと

相手の感じ方を自分にとって望ましい方向に変えるための話の内容を考える。次の問いに対する答えをノートに書き出し、それを話の構成に生かす。

1——自分が話をすることで、相手にどんなことをしてもらいたいのか

たとえば、特定の知識を適用して生かすこと、ある技能を実地に生かすこと、問題意識を共有してもらうこと、一つの手続きに従うこと、当該の問題にさらなる関心をもってもらうこと、緊急に協力してもらうこと、新しい方式を用いてもらうこと、などなどだ。

2——その行動への動機づけを与えるために、どう感じてもらう必要があるか

動揺、心配、懸念、好奇心、興味、興奮、刺激、自信、意欲など。複数が絡む場合もある。

3——そうした感情をもたせるうえで、どう確信してもらう必要があるか

●「すぐに手を打たないと厄介なことになる」
●「これは重大だ」
●「この考え方にはメリットが多い」
●「ここで違いを生み出せる」
●「前にできたことなのだから、もう一度できる」
●「小さな行動が大きな違いを生み出す」

4——落差の見極め——落差の大きさ

相手の人たちの今の感じ方と自分が求める感じ方に、どれほどの落差があるかを見極める。その落差は次の3通りになる。

●大きい——ほとんどの人が反対している。つまり困難な状況。
●中間——十分な説得力があれば意見を変えさせられる。
●小さい——すでに扉は開かれているも同然の状態。つまり賛同してもらえる状況。

ポイント

落差が大きすぎる場合には、現実的に何が可能か考え直してみる。

5——落差を埋めるために、相手の人たちに何を見聞きさせる必要があるか

どうすれば、別の考え方に導いていけるか。

●相手の人たちがあなたの考えに疑いを抱いている場合、相手が自分自身の考え方に疑いの目を向けるようにするには何が必要か。たとえば、驚きをもたらす事実、ショッキングな数字などが該当するだろう。

●どうすれば好奇心をかき立てられるか。たとえば、興味をそそる提案など。

●どうすれば納得させられるか。感情をかき立てる物語かもしれない。

●納得させることができたら、本当に動機づけるために、どのような話を聞かせられるか。協力してもらうことで生まれる違いの大きさを強調することかもしれない。

このような点に対する答えをふまえて、落差を埋めるための話の内容について、アイデアをノートに書き出す。

6——それぞれの内容をどの順番で話すのがベストか

相手の人たちの感じ方を自分が求める方向に導いていくうえで、話の内容を論理的な流れに沿って整理する。話の構成については「秘訣10」で説明した。

あなたの課題

次にするプレゼンについて、以下の問いに対する答えをノートに書き出す。

1 自分が話すことで、相手の人たちに何をしてもらいたいか。
2 その行動を促すうえで、どのように感じてもらう必要があるか。
3 どのように確信してもらう必要があるか。
4 相手の人たちの今の感じ方、考え方は？
5 自分が求める感じ方に相手を導いていくには、どんなことを話せばいいか。
6 その話がもたらす最善の結果は？

さらなる学びのために

"*The Leader's Guide to Presenting: How to Use Soft Skills to Get Hard Results*"（2017）by Tom Bird and Jeremy Cassell. 第7章「Why Structure is so important and the key principles（構成は、なぜ重要な中心原理なのか）」で「相手を引き込んで動機づける構成」について説明している。

秘訣15

アリストテレスの「説得の3要素」を活用する

紀元前4世紀、アリストテレスは『弁論術』の中で「説得の3要素」を挙げた。エートス（信頼される人間性）、ロゴス（論理的で事実本位であること）、パトス（感情に訴える力）だ。このうちの1つだけで人が説得されることはまれで、3要素のすべてが重要だ。この3つを一体化させることによって、話の説得力を大きく高めることができる。

この点が重要である理由

3要素のすべてを使うことには、次のような意味がある。

- エートスによって専門的能力が示され、信頼に値する専門知識の持ち主だと受け止められる。したがって話を聞く人たちから敬意を払われ、信用と信頼を寄せられることになる。
- ロゴスによる論理的な議論と、それを裏付ける確たる証拠が相手の頭に訴求力を及ぼす。
- パトスによって、相手の心に対する訴求力が高まる。たとえば、関連するエピソードなどを聞かせることで、相手を引き入れることにつながる感情をかき立てられる。
- 3要素の1つでも欠けていると、説得力が弱まってしまう。

● 3要素のすべてを生かすことで、3脚スツールのようにバランスの取れた主張になる。
● 3要素を備えることでインパクトが強まる。
● それぞれのタイプの人すべてに訴えかけられる。

するべきこと

アリストテレスの「説得の3要素」のすべてを生かす。

エートス──信頼性、権威、人間性を確立する

1──自分の権威を示す

冒頭で司会者に紹介されたり略歴を示される場合には、その原稿を一人称ではなく三人称で簡潔にまとめる。関連する職歴や肩書き、資格などを入れるようにする。

ポイント
できるだけ、自己紹介ではなく司会者に紹介してもらうようにする。そのほうが信頼性が高まる。

2――信頼できる情報を使う

定評のある人や組織の客観的なデータなどを使って、話の信頼性を高める。思い込みなどがないことを示すために、偏りのない形で自論を示す。

3――相手と同じ言葉を使う

相手の人たちの専門分野に合わせた言葉を使う。共通する体験などを示す。人は自分に似た相手を好む性向があるからだ。ロバート・B・チャルディーニなどの研究から、人は気に入った相手の言うことを受け入れやすいことが示されている。

ロゴス――論理と理性を生かす

まとまりのない話や曖昧な話は避け、論理的で明確な話をする。

1――事実を示す

反論の余地のない事実や数字で証拠を示す。そうした情報をグラフや図にして提示する。

2――論理的に論を立てる

完全に論理的な形で自分の論を立てる。すべての提案について論理的な根拠を示す。

3――論理的に順序立てて話の全体を構成する

流れを追いやすいように話を構成する。話がどこに向かっているのか、前後のつながりをはっきりさせる。

パトス――感情への訴えかけ

次のような方法で相手の感情を刺激し、自分のメッセージを届かせる。

1――物語、比喩、隠喩を用いる

物語は想像をかき立て、あらゆる種類の感情を引き起こしうる。比喩や暗喩は理解を容易にする。「これはジェットコースターのようなものです」というように。

2――生き生きとした言葉を使う

生き生きとした言葉を使って、自分の提案に活力をもたせる。言葉で「絵」を描き出し、相手を感情的に引き込む。話を通じて相手に「絵」を見せ、「音」を聞かせ、「感触」を味わわせる。

3――力強い「絵」を示す

「絵」を示すことで感情的反応を引き起こせる。人々が子どもや動物の写真にどのように反応するかを思い浮かべてみればいい。

アリストテレスの「説得の3要素」をすべて生かして話すようにする。

あなたの課題

1 自分の信頼性を高めることにつながる経歴などを数行以内でノートに書き出す。

2 自分自身の過去のプレゼンの内容から事実やデータの一例を選び、その裏付けになる実体験やエピソードについて考えてみる。

3 次のプレゼンをする前に、アリストテレスの「説得の3要素」が内容にすべて生かされているか確認する。

さらなる学びのために

アリストテレス『弁論術』（岩波文庫、1992年）。このテーマについて深く知りたいという人に役立つ。

秘訣16 表題の重要性を肝に銘ずる

プレゼンなどの準備では、内容について考えるあまり表題をおろそかにしてしまいやすい。訴求力のある表題は、大きなメリットをもたらしうる。

この点が重要である理由

訴求力のある表題は次のような効果をもたらす。

- 相手の好奇心をかき立てる。
- 相手に耳を傾けさせる。

●話を始める前に、すでにインパクトを与える。
●「大枠」を示して話の文脈を理解させる。
●この話を聞くべき理由を示す。

するべきこと

次の2つのプレゼンの表題を比べてみてほしい。
●「保健と安全性に関する最新報告」
●「新たな安全基準法の施行で、あなたの仕事はこう変わる」
それぞれどんな反応を引き起こすか、簡単に想像できるはずだ。2番目の表題であれば、この話は聞いておいたほうがいいという反応になるはずだ。

表題の構成と要素

1――表題と副題

表題に副題を付けることで、伝えられる内容がぐっと増える。次の例はロンドン・ビジネス・フォーラムで実際にあった講演だ。
●「イエスと言わせる――説得の科学的秘訣」――スティーブ・マーティン

●「引きつける力――相手を引き込む話し方」――キャロライン・ゴイダー
●「頭を働かせる――成果を高める最高の秘訣」――エイミー・ブラン

いずれも表題で関心を引きつけ、さらに副題で話を聞くべき理由（すなわちメリット）を伝えている。

可能である場合には必ず、話を聞くことで得られるメリットを表題で示すようにする。

2――表題に「Ｈｏｗ」を使う

次の例は「ＴＥＤトーク」の表題で、どちらも「Ｈｏｗ（どのように）」の要素を入れることの効果の大きさを示している。

●「脳は美をどのように見極めるか」――アンジャン・チャタジー（ＴＥＤＭＥＤ　２０１６）
●「子どもに本を読ませる図書館のつくり方」――マイケル・ビェルト（ＴＥＤＮＹＣ　２０１７）
●「本当の意味で話を聞くということ」――エブリン・グレニー（ＴＥＤ　２００３）

3――表題を疑問形にする

表題を疑問形にすることの効果は、次のような「ＴＥＤトーク」の実例を見ればわかる。

●「保釈という不正義をなくせば、どうなるか」――ロビン・スタインバーグ（TED 2018）

●「あなたがロボットになったら？」――レイラ・タカヤマ（TED×PaloAlto 2017）

●「注意を向けたとき、脳で何が起きているのか」――メディ・オディカニ＝セイドラー（TED 2017）

4――表題に「Why」を使う

「Why（なぜ）」は好奇心をかき立てる。たとえば――

●「なぜ未来の仕事は『仕事感』がなくなるのか」――デービッド・リー（TED@UPS 2017）

●「なぜガラス建築は都市生活に有害なのか――代わりに必要なものは？」――ジャスティン・デービッドソン（TEDNYC 2017）

●「なぜここで働くべきなのか――最高の人材を引きつける方法」――ガレス・ジョーンズ（ロンドン・ビジネス・フォーラム 2016）

優れた表題の作り方

1――アイデアをたくさん書き出す

こうすることで優れた表題ができやすくなる。

ポイント
手直ししたり短くしたりせず、とにかくアイデアをたくさん書き出す。

2――表題の確認と調整

優れた表題にするには、表現をいろいろと変えて試してみる必要がある。

- 強い言葉を残す。
- 弱い言葉、不必要な言葉をなくす（あるいは言い換える）。
- 入れ替えをしながら、最も良い語順を見極める。
- いくつかの表題を候補として残す。

3――最終候補の表題について、周りの人に意見を聞く

他の人たちの直感的な反応は貴重なフィードバックになる。それをふまえて手直しをする。

留意するべき点

短い表題が常に良いとは限らない。ピリッとした短い表題がいいと直感的に思えるかもしれないが、私の経験では、13語前後（英文の場合）の長めの表題にも良いものが多い。長めの表題のほうが、聞く側にとってのメリットを示しやすいということだ。

あなたの課題

次にするプレゼンなどの表題をまとめる。

1 話の内容について考える。
2 10通り以上の表題を書き出す。出来、不出来については考えない。
3 語句や語順を変えたりしながら、最終候補をいくつかまとめる。
4 それを誰かに見せて意見を聞く。
5 最終決定する。

さらなる学びのために

ＴＥＤのウェブサイト（www.ted.com）で講演の表題の総覧を見ながら、参考になりそうなものを探してみる。

秘訣17 「無意識」の力を生かして創造性を高める

プレゼンなどの内容をまとめたり、それに伴う込み入った問題を解決しようと試みるときには、「無意識」の力を生かすことが得策になる。意識的な思考だけでなく「無意識」も極めて強い処理能力を発揮する。創造性について研究したペンシルベニア大学のスコット・バリー・カウフマンは、話の内容について考える際に無意識の力を活用する4段階の創造プロセスを勧めている。

この点が重要である理由

「無意識」の力と比べて、意識的な思考による創造は一定の枠内にとどまってしまいやすい。

●意識的な思考には限界がある

ガイ・クラクストンは著書『Hare Brain, Tortoise Mind（ウサギの脳、カメの心）』の中で、「意図的な思考、つまり『dモード』は問題が簡単に概念化できる場合に有効である」と言っている。言い換えれば、論理的な思考を必要とする問題には有効だが、複雑な問題の解決に対しては限界があるということだ。それというのも、私たちが意識的な思考で一度に扱える情報量は限られているからだ。ジョージ・ミラーの研究によると、人が瞬間的に記憶できるのは7つ前後の情報にすぎない。

それとは対照的に——

●創造的な洞察は、もっとリラックスした「カメの心」の中で生まれる

クラクストンは、このタイプの思考を「目的意識が薄く、さほど明瞭でもなく、遊び心があってのんびりした夢見るような状態」で起こると説明している。座って海を眺めているとき、私たちの心はあてどなくさまよっているのかもしれない。そうしたゆったりとした状態にあるときのほうが、脳は多くの情報を処理できる。メーン大学のコリン・マーティンデールは、創造性がこのぼんやりした精神活動とつながっていることを実証している。

するべきこと

カウフマンは「無意識」の力を生かすための4段階を特定している。「準備」「孵化《ふか》」「ひらめき」「検証」だ。

1――準備――話す内容について意識的に考えることで、無意識の心が働く下地を整える

何について考える必要があるのかを、無意識の心にわからせる必要がある。次の点についてノートに書き出すことで、無意識の心が働く状態をつくり出す。

●自分が求める結果
●当初段階のアイデア
●創造的なアイデアがほしいと思う部分

2――孵化――いつもどおりに考えながら、無意識の心を自由に働かせる

無意識の心が自分の話の内容について考えられる状態にする。

●少しの間、話のことを忘れる。
●散歩など別のことをする。
●ふと何かが心に浮かんだら、それについて考えてみる。

無意識の心が働くようにするには、時間のずれを許容する必要がある。この「孵化」のプロセスが機能する大きな理由の一つは、脳の「網様体賦活系（RAS）」の働きにある。これは必要のない情報をふるい落とし、役に立つ情報を知らせてくれる働きをもつ神経の束だ。

3――ひらめき――何かがひらめいたら、すぐにそれを書き留める

ここで洞察が得られることが多い。それがいつ起こるのかは知りようがないが、ひらめいたらすぐにメモしよう。

ひらめきが起こったら、すぐに書き留める。

ポイント

話をする内容について、アイデアを紙に書いて壁に貼っておき、新たにひらめいたアイデアを書き足していく。

4――検証――話の内容について、意識的なまとめ上げの作業に入り、ひらめいたアイデアをテストする

話の内容をまとめ上げる作業を再開する。
●ひらめきが起こった瞬間を振り返る。
●その着想について、批判的な目でテストする。
●有用なアイデアを話の中に組み入れる。
●再点検し、推敲が必要な部分を見極める。

必要に応じて何度でも、この４つのステップを繰り返す。

無意識の心を働かせることを習慣化する。そうすれば、素晴らしい話に仕上がる可能性を最大限に高められる。

あなたの課題

1 話のまとめ上げにじっくり取り組める最高の場所と時間をノートに書き出す。
2 そこで話の内容について考える際には、頭を空っぽにする時間も取るようにする。
3 アイデアがひらめいたら、すぐにメモする。

さらなる学びのために

"*Hare Brain' Tortoise Mind: Why Intelligence Increases When You Think Less*"（1999）by Guy Claxton. 特に直感など、思考のモードに関する研究について詳しく説明されている。

秘訣 18 話のまとめ上げにパソコンは使わない

プレゼンの内容について考えるとき、パワーポイントのようなプレゼンソフトを使いたくなるかもしれない。しかし、そうすると話の内容を本当に自分の頭で考えるのではなく、ソフトに思考が従うことになってしまう。つまり、それぞれの要点を一連のスライドにまとめていく「線形」の作業になってしまいやすい。このようなやり方をすると、充実した内容のまとめ上げに求められる集中した思考や創造的なアプローチが妨げられてしまう。「秘訣8」で説明したように、スライドの作成は話の内容をまとめ上げてからにするほうがいい。

この点が重要である理由

ガー・レイノルズは著書『プレゼンテーションｚｅｎ』の中で、プレゼンの内容をまとめ上げる際には「自分自身のために心の静けさを生み出す」必要があるとアドバイスし、「それはパソコンを使いながらでは難しい」と強調している。次のような条件を兼ね備えた方法を用いるようにする。

● 全体像を一目で捉えられること
● つながりや関係を捉えやすいこと
● 深く集中できること
● 明確かつ創造的に考えられること
● 柔軟にアイデアに手を加えられること
● ストーリーボード（絵コンテ）のようなものにつながること

するべきこと

昔ながらの鉛筆とペン、紙、それに自由に貼り替えられる付箋を使う。自分のアイデアに手を加えていくうえで、ホワイトボードやフリップチャート（イーゼル）を使うのもいい。

パソコンはオフにして、自分の頭をオンにする。

内容のまとめ上げは次の3段階に分ける。

ステップ1　アイデアを付箋に書く

話の内容について考える際には、自分が求める結果を常に見える状態にしておく。この段階では「発散的思考」を働かせる。つまり幅広く、頭に浮かんだことすべてについて考えてみる。

●付箋1枚につき、アイデアを1つ書く。
●心を開いた状態にして、この段階では手直ししない。
●制限時間を設定する――勢いを保つのに役立つ。

ステップ2　重要なメッセージをまとめ、ストーリーボードの柱をつくる

この段階では「収束的思考」を働かせ、アイデアを絞り込んで整理していく。

●関連性のあるアイデアをグループ分けする。
●どのグループにも入らないアイデアは捨てる。
●ストーリーボードの作成に向けて、重要なメッセージとその裏付け材料で全体の構成をまとめる。

構成と順序の見極め方については「秘訣10」を参照。

ステップ3　スライドのアイデアを考え、順に並べてみる

ポイント

「スライドを使わないほうが良いプレゼンになるだろうか」と自問してみる。

スライドを使う場合、すべての内容をスライドにする必要はないという点を忘れないようにする（「秘訣20」で説明する）。スライドを使うのは、要点を伝えることに役立つ場合だけにする。

- 重要なメッセージと裏付け材料を総覧する。
- データや画像、統計、図表など、要点を伝えるのに必要なビジュアルについて考える。
- ビジュアルのアイデアを付箋に書く。
- ここでは大まかなスケッチで事足りる。
- 必要に応じてキーワードを書き出す。
- 付箋1枚に1つのアイデアを書くようにする。

ここでまたパソコンをオンにして、スライドや配布資料の作成に取りかかる。

あなたの課題

次にするプレゼンについて考えながら――

1 前述の3つのステップを活用する。

2 同僚に草案について話し、フィードバックを得る。

3 自分の構想を手直しする。

さらなる学びのために

ガー・レイノルズ著『プレゼンテーションｚｅｎ』（丸善出版、第2版、２０１４年）第３章「アナログ式に計画を練ろう」がパソコンを使わない作業の参考になる。

秘訣19 「アドリブ」でする話のまとめ方

　ほとんど、あるいはまったく予告なしで突然、話をするように言われた経験はないだろうか。たとえば、プロジェクトの進行状況をチームに説明するよう突然言われたり、緊急の説明をするために呼ばれたりといった場合だ。そうした状況では、自分の考えを素早くまとめ上げる必要がある。プレッシャーの下で、話の順番がおかしくなってしまったり、さらには重要な事柄を言い忘れたりしてしまうことも簡単に起こりうる。そうした場合の秘訣は、「聞く側にとって理解しやすい順序で全体の内容を伝える」という構成を考えることだ。

この点が重要である理由

- 脈絡のない話をすると、自分で自分の印象を悪くしてしまうことになる。
- 素早く考えをまとめる能力は自信につながる。
- 方法を会得すれば、これから何度でもそれを使える。

するべきこと

すべての内容をつなぐ構成に基づいて「アドリブ」で話す。

そこでカギになるのは「Ｗｈｙ（なぜ）？」「Ｗｈａｔ（何を）？」「Ｈｏｗ（どのように）？」「Ｗｈａｔ ｉｆ（もし……だったら）？」の４つの問いだ。

この問いは「秘訣9」と「秘訣10」で取り上げた「４ＭＡＴシステム」と同じだ。頭の中で構成ができていれば、「アドリブ」で話すことも簡単になる。一つの事例で考えてみよう。

チームミーティングの最中に突然、誰かからプロジェクトの進捗状況について説明するよう求められたとする。全員の視線があなたに向けられている。ここで大事なのは、パニック状態に陥って最初に頭に浮かんだことをそのまま口に出すのではなく、４つの問い――「Ｗｈｙ？」「Ｗｈａｔ？」「Ｈｏｗ？」「Ｗｈａｔ ｉｆ？」――を思い起こすことだ。

必要なのは、話すべき事柄をこの４つの問いにかけてみることだけだ。そうすれば論理的に整理され、わかりやすい説明になる。そうした話の順序に従うことだ。具体例を次に挙げよう。実際の場面では、必要に応じて取捨選択をすることになる。

1──話の主旨を一言で伝える

これは「短いＷｈａｔ？」とも呼ばれる。これから「何を」話そうとしているのか、一文で伝えるということだ。

2──Why?

●なぜ、このプロジェクトが必要なのか。
●このプロジェクトで解決しようとする問題について説明する。
●それがなぜ、話を聞く側の人たちにとって重要なのか。

3──What?

●このプロジェクトの狙いは何か。
●覚えておいてもらいたい最も重要なメッセージは何か。
●部分に分けて説明する必要がある場合には、できるだけ３つのポイントにまとめる。
●裏付け材料となる関連情報にも触れる。

4──How?

●このプロジェクトは、どのように効果をもたらすのか。
●現実味をもたせるために実例を挙げる。

●現時点でのプロジェクトの状況は?
●実現性について関連する情報を示す。

5——What if?

(a)問題点とリスク

●どんな問題が生じているのか。
●その問題の解決に、どのような策が講じられているか。
●どのような問題が見通されるか。
●その問題をどのように防ぐか(あるいは回避するか)。

(b)質問やコメントは?

●質問を求める。

(c)最も重要なメッセージを繰り返す

●メッセージを繰り返して、相手の人たちの頭に刻み込む。
●ホワイトボードやフリップチャートに書く。

(d)行動の呼びかけ

●求める行動をあらためて全員に示す。

(e)先行きの新しい姿を描き出す

前向きな言葉で話を締めくくる。

●次に何が起こるのか。

●短期と長期の両方に言及する。

●どのようなプラスの変化が生まれるのか。

●話を聞いてもらったことに謝意を表す。

ポイント

話のそれぞれの部分で最初に「なぜ」「何を」「どのように」という言葉を使い、主旨を示すようにする。

このパターンに慣れてしまえば、あとはもう習慣のようになる。

あなたの課題

１つのテーマやプロジェクトについて「アドリブ」で話す練習をする。

たとえば――

●録音して自分で聞いてみる。

●同僚に聞いてもらい、フィードバックをもらう。

1 ４つの問いをメモに書き出す――「Ｗｈｙ？」「Ｗｈａｔ？」「Ｈｏｗ？」「Ｗｈａｔ ｉｆ？」。

2 すぐに実際に話してみる――前述の例のように４つの問いを柱にして。

3 同僚に評価してもらったり、録音を聞いてみたりする。

さらなる学びのために

"*Presenting Magically*――*Transforming Your Stage Presence With NLP*"（2016）by Tad James and David Shephard. プレゼンの様々な側面をカバーしている。第14章に「４ＭＡＴシステム」の詳しい手引きがある。

03 ビジュアルの大きな威力

秘訣20 スライドがプレゼンなのではない

スライドがプレゼンテーションそのものであるかのように思っている人が少なくない。

●「僕のプレゼン、借りたい？」

●「僕のプレゼンはメモリースティックに入ってる」

●「出られなかったので、プレゼンをメールしてもらえる？」

このような考え方はスライド主導のプレゼンにつながり、ただスライドを読み上げて話すだけになってしまう。

そうではなく、自分そのものがプレゼンであり、スライドはその補助要素だと考える。

この点が重要である理由

プレゼンは1セットのスライド以上のものだ。相手に最も影響を及ぼすのは、話をするあなた自身のインパクトなのだから。スライドをプレゼンと同一視してしまうと、こんなことになりかねない――

- すべての内容をスライドにしなければならないと思ってしまう。
- スライドが多すぎると、聞く側が疲れてしまう。
- まだまだスライドが続くのかと、聞く側がうなだれてしまう。
- 聞く側が飽きてしまう。スライドの内容は悪くなくても、相手を退屈させてしまう。
- スライドに重心を置くと、話をする自分のインパクトが薄れてしまう。
- スライドに頼りすぎ、他にも数多ある関心を引きつける方法を忘れてしまう。

話の内容をすべてスライドにする必要はない。話をするあなたがいるのだから。

するべきこと

1――プレゼンをするのはスライドでなく自分だということを忘れない

スライドを「主役」にするのではなく、自分自身のエネルギーや声、ジェスチャー、ボディランゲージを使ってメッセージを伝える。スライドを使うのは、あくまでも説明をわかりやすくするためだ。ＴＥＤで最も人気の高い講演の一つは、スライドをまったく使っていない。「学校は創造性を殺すか」という講演で、ケン・ロビンソンは自分自身の存在と影響力だけでメッセージを伝えている。

スライドは少ないほうがインパクトが高まる。数が多いと、スライドのほうが目立ってしまうからだ。

2——話の内容を固めるのが先決

スライドを作り始めると、ほぼ必ず必要以上に作ってしまうことになる。すべてをスライドで示さなければという気持ちになってしまうからだ。

> **ポイント**
> **スライドについて考えようとする前に、まず話の内容を固める。**

話の大筋が固まっていれば、一歩引いて必要なスライドを見極めやすくなる。話の内容のまとめ方については「秘訣８〜10」を参照。

3——説明に必要なスライドだけにする

スライドが違いを生み出すのはどの部分か、慎重に見極める。スライドを使うのは最大限の効果を生む場合だけだ。スライドの作り方については「秘訣22」で説明する。

スライドは違いが生まれる場合にだけ使う。

自分自身の台本代わりに、すべての内容をスライドにしたいという場合には?

スライドは話を聞く人たちのためのものだが、重要な事柄を忘れてしまわないようにするためにスライドを作るということもありうる。しかし、それはあくまでも例外で、カードやメモを用意するなど他の方法で対処するのが原則だ。

あなたの課題

次にするプレゼンの準備を以下の形で進め、スライドの数を少なくする。「秘訣18」で示した指針に従って、付箋やホワイトボードを使って話の要点を書き出す。

さらなる学びのために

"The Presentation Book: How to Create it, Shape it and Deliver it!"（2017）by Emma Ledden. 第6章「The Audience Focused Presenting way（相手に焦点を合わせたプレゼン方法）」が「スライド主体」ではなく「自分主体」の指針になる。

秘訣 21 強力なビジュアルで記憶に刻み込む

話の内容を相手に覚えておいてもらうことについて、ビジュアル（視覚的要素）を使うと記憶が高まることが研究から示されている。たとえば、トニー・ブザンとバリー・ブザンは共著書『マインドマップ読書術』で、被験者に1万枚の生々しい写真を見せたレイモンド・ニカーソンの実験結果を引用している。その後にまた写真を見せて、すでに見たことのある写真かどうか聞いたところ、被験者たちの正答率は99・9％に達したという。つまり、インパクトの強い写真は極度に記憶に残りやすいということだ。

この点が重要である理由

強力なビジュアルを使うことで――

- 瞬時に要点を伝えられる。
- すぐにメッセージが伝わり、記憶に刻まれる。
- インパクトが増す。
- 話がわかりやすくなる。
- アイデアと情報を伝えるスピードが上がる。
- プレゼンを面白くできる。

画像に対する認識記憶の能力は、ほぼ際限がない

ライオネル・スタンディング

するべきこと

ビジュアルの作成に飛びつく前に、まず本当に必要かどうかを考えてみる必要がある。ビジュアルなしでも見事なプレゼンは少なくない。

ポイント

ビジュアルは効果が高まる場合にだけ使う――すべての部分に使う必要はない。

強力なビジュアルには次のようなものがある。

- 動画
- 写真
- スケッチ
- アニメーション
- 物
- 機器
- ダイアグラム
- 図表
- マップ
- デモンストレーション

ビジュアルを使うのは――

1――冒頭か最後、または両方

最初と最後は相手の記憶に残りやすいので、強力なビジュアルを使うのに適している。最も重要なメッセージを記憶に刻み込むためのビジュアルにすることがカギだ。

2——感情に訴えかけるものにする

人や場所、出来事、機械の写真など、メッセージの受容につながる感情を生み出すビジュアルを使う。たとえば悲しみ、興奮、好奇心、喜び、衝撃などを生む写真だ。

3——データについて説明する

話の内容をわかりやすくするグラフや表などを示す。理解しやすく、かつインパクトのあるビジュアルになっているか、確かめるようにする。

4——プロセスをわかりやすく示す

プロセスを視覚的に示して、一目で把握できるようにする。たとえば線形のプロセス、循環型のプロセスなどだ。プロセスの各段階を色分けして理解しやすくする、という方法もある。

5——要素のつながりを示す

各部分がどのように全体につながっているか、系図や構成図などで示す。全体を表すビジュアルをまず示し、次に各部分に焦点を合わせる。

6──テーマをマッピングする

核心にあるポイントから派生するアイデアを図示する「マインドマップ」を使う。プロジェクトについて詳しく見たり、テーマについて理解したりすることなど、様々な目的に利用できる。この点については、トニー・ブザンの一連の著書が参考になる。

7──抽象的な概念を生き生きとさせる

抽象的な概念や理論、モデルも、カラフルな視覚表現で生き生きとさせることが可能だ。たとえば、アイデアの階層をピラミッド図で示すなど。

8──比喩で要点を強調する

要点を比喩で伝えるビジュアルを考える。プロジェクトを軍事作戦になぞらえたり、自分たちのチームを自動車のレーシングチームに例えることなどだ。

スライドの作り方については「秘訣22」で説明する。

あなたの課題

1 過去のプレゼンで使ったスライドがあれば、本当に役立っているのはどれか、見直してみる。効果が薄いもの、特に視覚表現よりも文字が主体になっているスライドを外したり、手直ししたりしてみる。

2 次にするプレゼンの内容について、メッセージを伝えるのにビジュアルが役立つ部分を見極め、「秘訣22」を参考にしてスライドを作成する。

さらなる学びのために

ガー・レイノルズ著『プレゼンテーションzen』（丸善出版、第2版、2014年）。第5〜7章がシンプルなスライド作成に役立つ。

秘訣22

「記憶に残るスライド」の5原則

「Death by PowerPoint」（パワーポイントによる死）という言葉が、退屈なプレゼンの同義語になっている。しかし、スライドは実際に役立ちうる。そのカギは、プレゼンをわかりやすくするためにどうすればいいか、という点を熟考することにある。ここでは、スライドが効果を生むようにするための方法を紹介する。

この点が重要である理由

スライドの出来が悪いと――

- 説明がしにくくなる。
- 聞く側が要点を理解しづらくなる。
- 聞く側が疲れてしまう。
- 話が面白くなくなり、効果がそがれてしまう。
- 所期の結果が遠のいてしまう。

するべきこと

自分が求める結果を達成するための手段としてスライドを使う、という点を思い起こそう。したがって、スライドの作成に入る前に次の点を自問してみる。

●このスライドの目的は何か。
●聞く側の理解に役立つか。
●スライドなしで、もっとうまく説明することはできないか。

スライドを使うことに決めたら、次のような手順で作成する。聞く側の理解を高めることにつながるように、次の5つのポイントをすべて押さえる。

1——配布資料とスライドは分けること

スライドがそのまま配布資料に使われることが多い。配布資料と兼用のスライドを作ろうとすると、たいていの場合、どちらの目的も十分に果たさない中途半端なものになってしまう。それというのも、口頭での説明が伴えば理解しやすいスライドでも、単体では情報量が不足しがちだからだ。同様に、念入りに作り込まれた配布資料もスクリーン上では見にくくなる。一般的に、よくできたスライドであっても配布資料には向かず、よくできた配布資料でもスライドには向かない。

2——1枚のスライドに1つのメッセージ（またはアイデア）

1枚のスライドにメッセージを詰め込みすぎると、インパクトが薄れてしまう。1枚のスライドに1つのメッセージ、あるいは1つのアイデアにしよう。スライドの数が見込み以上に増えることになってもだ。内容を詰め込んでスライドの数を減らすよりも、スライドの数を増やすほうがいい。

ポイント

その場ですぐ見てもらいたい場合でない限り、資料は配布しないこと。資料を配ると、誰でもすぐにそれを見ようとする。

3——語数を最小限に抑える

ニューサウスウェールズ大学（オーストラリア）の研究チームは、読むことと聞くことは同時にできないと明らかにしている。しかしプレゼンでは、出席者が話を聞きながらスクリーンの文字を読もうとする。これは脳に負担のかかる作業だ。1つの言葉やメッセージしか書かれていないスライドが効果を生むのは、話を聞きながらでも瞬時に読め、それが目に入ったままの状態になるからだ。

人々が思っているのとは逆に、スライドの文字量が増えるほど記憶に残りにくくなる。

ギャビン・ミークル（『The Presenter's Edge〈プレゼンターの武器〉』の著者）

ミークルは、スライドから箇条書きを省くことで記憶量が28％向上したという研究結果を引用している。リチャード・E・メイヤー博士が著書『Multimedia Learning（マルチメディア・ラーニング）』で紹介している研究結果だ。

4——情報を画像化する

●数字やデータを図やグラフにする。
●色を使って記憶に残りやすくする。
●言葉や画像が目立つように強いコントラストを使う。
●感情をかき立てる強い画像を使う。
●アイデアを象徴する画像を使う。

5——必要なものだけを入れる

視覚的にごちゃごちゃしたスライドは避けること。メッセージを伝えるのに必要な要素以外は、すべて省くようにする。グラフに必要のない目盛りや注記を付けたり、傾向を示すのに必要以上の数字を盛り込んだりすることになりやすい。このような要素はスライドに入れないこと。1つの大きな画像は複数の小さな画像よりもインパクトが強い。
情報をはっきり伝えるためのスライドにする。

視覚的に、そして記憶に残りやすいようにする。

あなたの課題

1 前述の「5つのポイント」を同僚か友人に示す。
2 自分のスライドの出来はどうか、チェックしてもらう。
3 フィードバックをもらい、手直しをする。

さらなる学びのために

ガー・レイノルズ著『プレゼンテーションzen』(丸善出版、第2版、2014年)。質の高いスライドを作るうえで、とても参考になる。

秘訣

23 考えをスケッチにして伝える

自分の考えを簡単な「絵」に描いて示せば、一目で相手に伝わる。必要なのは、話の要点を示すごく簡略な絵を描くことだけだ。線と形さえ描ければ、誰にでもできる。

この点が重要である理由

この簡単な方法で極めて大きな効果を生み出せる。

- 瞬時性——目の前で線を描き始めることで、聞く側は関心を引きつけられる。
- ごく単純なスケッチでアイデアが伝わる。
- ラフなスケッチでも記憶に刻まれるので、絵を描く力は問われない。
- スケッチで論理の流れが目に見えるようになる。
- 文字どおり意味を見て取れる。
- 絵が浮かび上がっていく過程が楽しさをもたらす。
- パワーポイントから目先が変わる。

自分の考えを絵にして「息吹き」を与えることは、記憶を高める最大の方法になりうる。

するべきこと

1——顔を描く——あらゆる種類のトピックに使える

絵を描くのは苦手だという人は、上のようなキャラクターを描く練習をしてみよう。この順番どおりに描くのがいい。このキャラを描けるようになれば、その下のように顔を少しずつ変えていける。どれも元の顔の変化形だ。実際に試してみよう。

2——意味を表す単純なシンボルを描く

今度は、次のページの上のようにこんな形を描いてみよう。

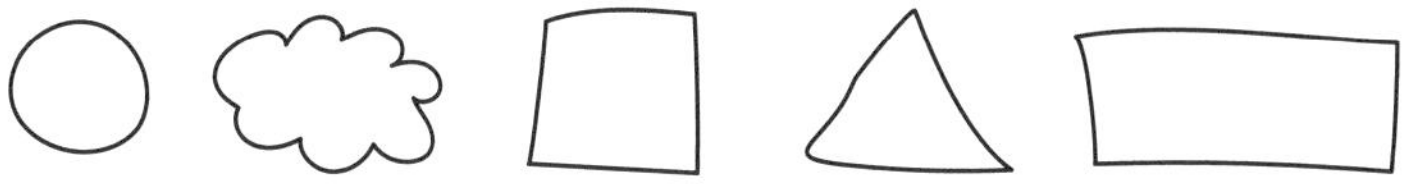

そして、それをその下のような絵にしてみる。このような絵で意味を伝えられる。つまり、意味をシンボルで表すということだ。

ポイント

1つのシンボルでも、いろいろなことを示せるので、繰り返し使っていく。

3――応用――たとえば、こんな形で使ってみる

複数のシンボルを組み合わせ、線や矢印、言葉を加えて情報を盛り込めば、かなりのことを説明できる。概念を絵

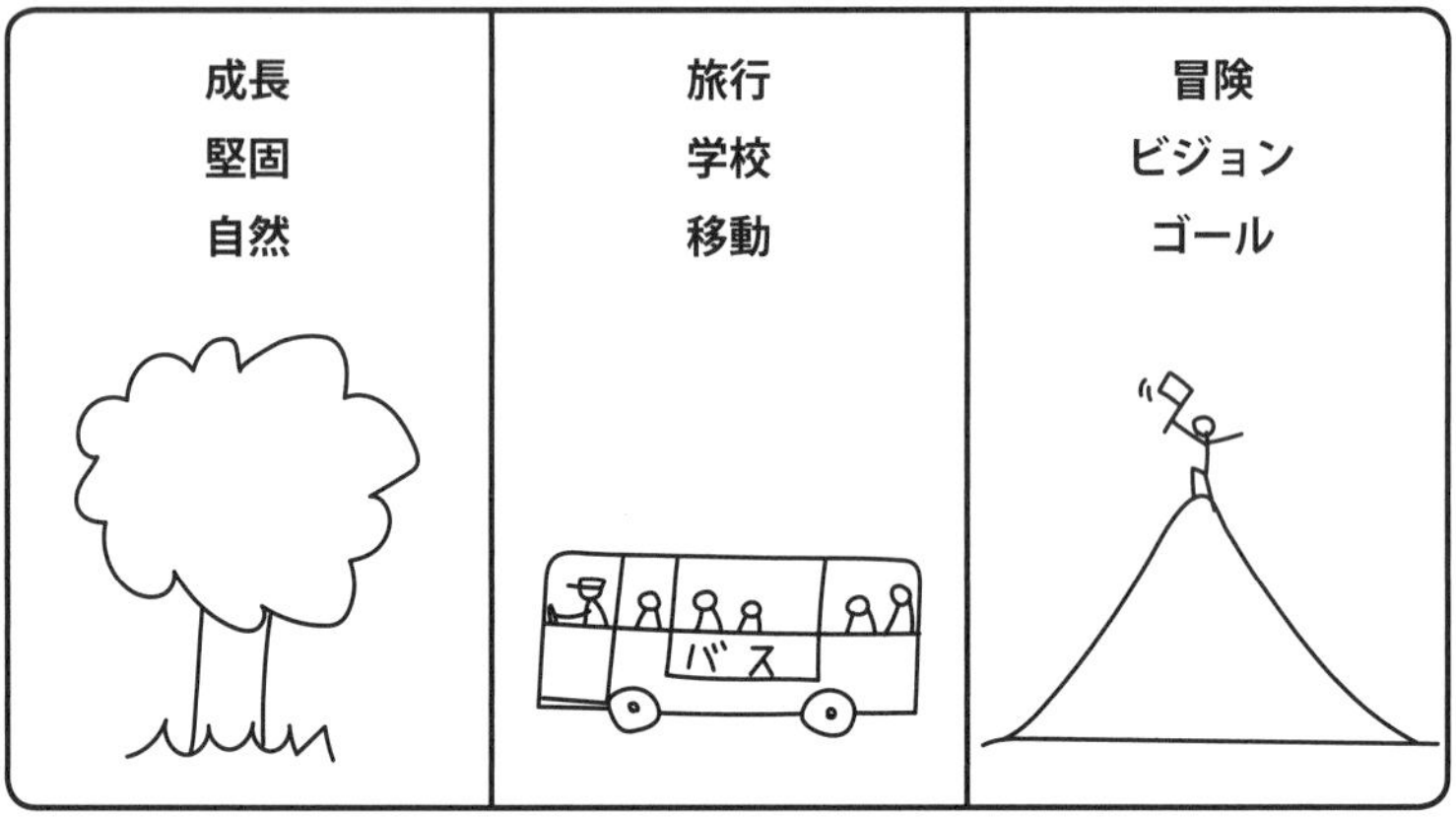

にして示せば、すぐに伝わる。具体的な方法を挙げておこう。

4―3つの方法から選ぶ

(a)何も書かれていないホワイトボードやフリップチャートを使い、その場で絵を描く

あらかじめ描いておいて見せるのではなく、相手の目の前で描いていくことによって関心を引きつけられる。このような形で示すと、驚くほど多くの情報が一瞬にして伝わることになる。

(b)あらかじめ一部分だけ描いておき、残りをその場で描き加える

部分的に準備をしておくことで、時間を節約しつつ「ライブ」で関心を引きつけられる。

(c)すべて事前に描いておく

「ライブ」で描く場合よりもインパクトは弱くなるが、人前で絵を描いたことのない人は、この方法から始めるのがいいかもしれない。その場合、なるべく早く「ライブ」で描くことへと進んだほうがいい。完璧な絵を描く必要はない。あくまでもメッセージを伝えることが目的、という点を忘れないでほしい。

練習すれば、誰でもすぐに描けるようになる。

ホワイトボードやフリップチャートの使い方については、「秘訣24」で説明する。

あなたの課題

自分の考えを絵で表すことを覚えよう。紙と鉛筆を用意し、インターネット（YouTubeかwww.ted.com）で筆者の次の講演の動画にアクセスする。

●TED×Hull“Why people believe they can't draw——and how to prove they can”（「なぜ、自分は絵が描けないと思い込んでいるのか——描けることの示し方」）

●TED×Vienna“How to draw to remember more”（『記憶を高める描き方」）

1 動画を見ながら、私と一緒に描いてみる。

2 自分の次のプレゼンで、スケッチが役立つ部分を1つ見極める。
3 その内容を大ざっぱな下絵にしてから、実際に使えるように仕上げる。

さらなる学びのために

"The Art of Business Communication: How to use pictures, charts and graphics to make your message stick!"（2014）by Graham Shaw. ビジネスのアイデアをスケッチにして示す方法が学べる。

秘訣24 ホワイトボードなどでインパクトを高める6つの方法

ホワイトボードやフリップチャートに文字や絵を書くことは、メッセージを伝えるのに驚くほどの効果を生み出しうる。ところが、この方法は無視されてしまうことが少なくない。気持ち的に尻込みしてしまうことや、その大きな効果が十分に理解されていないことが原因だろう。

この点が重要である理由

「秘訣23」で挙げた理由に加え、次の点もカギになる。

●ローテクなのにハイインパクト——スライドと違って準備に時間がかからない。

●肩肘張らずに強い効果を生み出せる。

●柔軟性——プレゼンを始めてからでも、状況に応じて描く絵を変えられる。

●次に挙げるポイントと「秘訣23」で説明した方法を使うことで、メッセージを相手の記憶に刻み込める。

ホワイトボードやフリップチャートは、ほぼどのようなオフィスにもあるので、プレゼンに生かす方法を身につけておく価値がある。

するべきこと

次のような点が実践上のポイントとなる。

1——「白紙」の状態から始める——関心を引きつける「魔法」のような方法

あらかじめすべて用意しておくのではなく、相手の目の前で図やグラフを描き始めることによって関心を引きつけられる。こうすることで、どれだけ内容が伝わりやすくなるか、相手が話の流れをつかみやすくなるか、その効果には驚くべきものがある。

2――図形や線、矢印、シンボルで概念を表す

何本かの線や矢印、あるいは図形を加えるだけで、内容がぐっと伝わりやすくなる。

情報をフローチャートやダイヤグラム、マップなどの視覚的要素に変えること。

絵を描くのは苦手という人も「秘訣23」に示した方法でマスターできる。

> **ポイント**
> とにかく試してみる――相手の記憶に刻みつけるのに完璧なスケッチである必要はない。

3――色を使う――メッセージが記憶に残りやすくなる

人間の脳は色を好む。記憶に残りやすいからだ。少なくとも4つの色を使う。できれば、もっと多く使うようにする。

4――上質のペンを使う

ペン先の硬いフェルトペンを使い、太線と細線を使い分けるようにする。会場にある備え付けのペンはあてにしない。質が悪かったり、インクが残っていなかったりして、プレゼンの妨げになるおそれがある。必ず自分で上質のペンを用意すること。

5——自分は脇に立って絵や文字が見えるようにする

してはいけないこと

●聞く側の視線をさえぎる位置に立つこと。
●聞いている人たちに背中を向けること。
相手の人たちとアイコンタクトを取れるような向きで立つようにする。

するべきこと

●ホワイトボードやフリップチャートの脇に立つ。
●右利きならホワイトボードの左側に立つ。
●左利きならホワイトボードの右側に立つ。
●書いている（描いている）ものが常に見えるように。
●書き終わったら、聞いている人たちの方を向き、ボードが見えるようにして話す。

この5つのポイントをふまえて、実際に試してみよう。プレゼンがひと味違うものになる。

あなたの課題

ホワイトボードやフリップチャートを使ってアイデアを示すスキルを高める。紙と鉛筆を用意しよう。

1 TEDxRainierでのパティ・ドブロウォルスキーの講演「Draw Your Future（あなたの未来を描く）」（10分間の動画）を見る。考えをシンプルなスケッチで表現することの好例だ。

2 パティのテンプレートを使い、自分のプレゼンのテーマについて大まかなスケッチを描く。

3 スケッチを見直して手を加え、最終的に仕上げる。

さらなる学びのために

デビッド・シベット著『ビジュアル・ミーティング　予想外のアイデアと成果を生む「チーム会議」術』（朝日新聞出版、2013年）。「パワーポイントなしのプレゼン」のセクションで、視覚的コミュニケーションの創造的な方法を学べる。

04 輝きとドラマを加える

秘訣25 最初の30秒で関心を引きつける4つの方法

「つかみ」で一気に相手を話に引き込み、自分のメッセージを強力に伝えることで、インパクトを最大限に高められる。

この点が重要である理由

- 最初の行動が聞く側の受け止め方に大きく影響する。
- 冒頭部分は記憶に残る。
- 型破りなものは記憶に残る。
- 「つかみ」が興奮や関心、驚きを呼ぶ。
- 勢いに乗って本題に入っていける。

ただ関心をつかむだけでは不十分で、それを自分のメッセージにつなげなければならない。

するべきこと

「つかみ」の4つの好例を挙げておこう。

1――興味をそそる事実や驚くべき数字

これで聞く側は身を乗り出すようにして耳を傾ける。

1つの驚くべき事実や数字を使うようにする。

デイヴィッド・エプスタインはTED2014での講演をこう始めた。

「2012年オリンピックの男子マラソンの優勝タイムは2時間8分でした。1904年のオリンピックで走っていたら、優勝者よりほぼ1時間早くゴールしていたことになります」

ポイント

相手を唖然とさせる事実を持ち出す。

関連する事実や数字を1つの流れの中で使う。

スーザン・ピンクナーはTED2017での講演で、まず興味をそそる事実を2つ挙げた上で、さらにもう1つあることをほのめかした。

●こんな興味深い事実があります。発展途上国ではどこでも、女性の平均寿命が男性よりも6～8年長くなっています。

●2015年に医学誌ランセットに掲載された記事によると、先進国ではどの年齢でも男性の死亡率が女性の2倍になっています。

●しかし世界で1つだけ、男性が女性と同等に長生きしているところがあります。

この話の流れは、まず聞く側の関心を引きつけた上で、さらに興味をかき立てている。

2――小道具を使う

たとえば――

●機器
●テクニックやプロセスの実演
●新製品の見本など、実物を手渡して回してもらう

エド・ボイデンは、TEDサミット2016での講演で赤ちゃんのおむつを使った。彼はおむつを手に取って見せ、この素材は1000倍の体積まで膨張できると説明した。それから話の内容を脳研究に移した。同じ素材を使って脳を大きくできないか——。そうすれば脳を観察しやすくなるというのだった。おむつという小道具を使うことによって、この話は確実に聞く側の記憶に刻まれた。

3——大胆な論点を示す

絵の描き方を説明したTEDxHullでの講演で、私の論点は聞く側の関心を引きつけた。それというのも「秘訣13」で触れたように、大部分の人は絵を描けないと思い込んでいたからだ。論点の立て方によって違いを生み出せる。

●「自分の影響力を強くできる方法が1つあります」
●「この記憶術で学習力が一変します」
●「1日10分でフィットネスのレベルを高められます」

最初に関心を引きつけるうえで、どのような論点を示せるかを考えるようにしよう。過度に劇的である必要はないが、聞く側にとって価値のある事柄でなければならない。

訴求力のある論点の立て方をする。

4——物語を話す

この方法によって、冒頭で聞く側の関心を引きつけられる。

●「去年、人生が変わる経験をしました……」
●「ある日、目覚めて、すごいアイデアが思い浮かびました」
●「私の娘は4歳でバレエを始めました……」

このような「物語」が話の本筋にどうつながるのか、たとえわからなくても、聞く側は話についていく。そのうちに意味がわかるということを知っているからだ。

あなたの課題

次にするプレゼンでの「つかみ」を考えてみる。

1 話のテーマにつなげられる「つかみ」のアイデアを3つ、ノートに書き出す。
2 一番いいと思うものを選ぶ。

3 それをどのように話すか、考えをまとめる。

さらなる学びのために

“Underwater astonishments”. TED2007でのデービッド・ガロ（David Gallo）の5分間の動画。見事な「つかみ」の好例。

秘訣26 記憶に残る「おぉ～」と驚く瞬間をもたらす

何か驚くべきものを目の当たりにして「おぉ～」と息をのんだ経験は、誰にもあるだろう。プレゼンでそうした瞬間を作り出し、自分のメッセージにつなげることができれば、強い説得力を生み出せる。

この点が重要である理由

新しい考え方を相手に受け入れさせるには、まず相手が信じ込んでいることを揺さぶる必要があるかもしれない。「おぉ～」という驚きは、強い感情的反応を引き起こす。そうした驚きは、相手の固定観念を崩すうえで、自論について説明しようとするよりも強い効果を生み出しうる。

ニュートラルな反応を引き起こす出来事よりも、感情をかき立てる出来事のほうが記憶に残りやすい。

カーマイン・ガロ（『TED 驚異のプレゼン』の著者）

「おぉ～」と驚く瞬間は――

- 聞く人たちに笑いや涙をもたらしうる。
- 相手の考え方を揺さぶる。
- 相手の物の見方が変わることにつながりうる。
- 重要なメッセージを記憶に刻み込むのに役立つ。
- 相手を行動に駆り立てうる。

するべきこと

他のすべてと異なる際立った瞬間をつくり出す。精神科医・小児科医のヘドウィグ・フォン・レストルフは、全体の中に1つだけ毛色の違うものがあると記憶に残りやすいことを明らかにした。これは「フォン・レストルフ効果」または「隔離効果」と呼ばれている。たとえば、次の言葉の中で目立つのはどれだろうか。「車」「バス」「列車」「自転車」「キリン」「トラック」「飛行機」「船」。

「おぉ〜」と息を飲ませる瞬間のつくり方をいくつか挙げよう。

1――通念と異なる経験を挙げる

ダニエル・J・シモンズとクリストファー・F・チャブリスの著書『私たちの中のゴリラ』に好例が示されている。

その実験で被験者たちは、1グループの人たちがバスケットボールのパスをする動画を見て、パスの回数を数えるよう指示される。そして次に、ゴリラがいたことに気づいたかどうか質問される。1人だけゴリラの着ぐるみを着て動いていた人がいるのだが、ほとんどの人は気づかなかったと答えた。これは、自分で見ようとしているものだけが目に入るようになる、という人間の性向を示している。「不注意盲」と呼ばれる現象で、偏見など様々な事柄に結びつけられている。

2――「自分で自分に驚く」ように仕向ける

たいていの人は、誰もが知っている人物の絵を自分でも描けるということを知ると、うれしい驚きを感じる。前述に示した要領で、アインシュタイン博士の絵を描いてみてほしい。博士の絵を実際に描くことで、これまで自覚していなかった能力があったことに気づく。これは一つの教訓になる。

記憶術など、これ以外のことも同じ効果をもたらしうる。感銘を呼ぶ記憶術については、世界記憶力選手権で8回優勝したドミニク・オブライエンなどの著書から学ぶことができる。

3――視覚的なイリュージョンで楽しませる

視覚的なイリュージョンは様々なメッセージにつなげることが可能だ。「魔法の絵本」などと呼ばれる、子どもの塗り絵本を使ったトリックがある。まずページをぱらぱらとめくって、まだ塗られていないことを示す。そしてもう一度、すべて線画の状態であることを示す。ところが、もう一度ページをぱらぱらとめくると、絵に色がついている――。手品グッズとして市販されていて、誰でも簡単にできるが、それでも見た人は驚く。私は、子どもたちにこのトリックを見せてから、本題の記憶術という「魔法」に話をつなげたことがある。

同じトリックでも、同時に聞かせる「物語」の中身しだいで様々なテーマに話をつなげられる。

ポイント

「おぉ〜」という驚きを与える新しいネタが思い浮かばなければ、前に使ったものを別の形で話につなげることを考えてみる。

あなたの課題

1 自分が伝えたい最も重要なメッセージをノートに書き、それにつながる形で「おぉ〜」と驚かせる方法について考える。

2 アインシュタイン博士の絵を描くことを自分の話にどのように取り込めるか、考えてみる。

3 同様に「魔法の絵本」についても考えてみる。

さらなる学びのために

カーマイン・ガロ著『TED 驚異のプレゼン 人を惹きつけ、心を動かす9つの法則』（日経BP、2014年）。第5章で「唖然とさせる」方法が取り上げられている。

秘訣

27 物語と比喩で心をつかむ

物語や比喩によって、自分が伝えたいことを瞬時に伝えることができる。それというのも、人は物語が好きだからだ。物語や比喩は心に響く感情を生み出す力がある。

この点が重要である理由

今では多くの認知学者が、人間は比喩で話すだけでなく、比喩で考え、判断すると結論づけている。

ジェームズ・ローリー、ペニー・トンプキンス（『心の中の比喩』の共著者）

「比喩とは、情報を伝えやすい形にまとめるものであるようだ」と、『クリーン・ランゲージ入門』の共著者ウェンディ・サリヴァンとジュディ・リーズは書いている。オスカー・ワイルドの比喩が、この点を見事に表している。「記憶とは、我々のすべてが持ち歩く日記である」

実際、私たちは無意識のうちに比喩的に話している。「紙一重」とか「足場を得る」などといった表現だ。物語や比喩を使うことで、次のようなことが可能になる。

- 相手の人たちと感情的につながる。
- 想像力をかき立てる。
- 好奇心を生み出す（次にどうなるのか知りたいという気持ちにさせる）。
- 相手の記憶に刻み込む。
- 講義のように堅苦しくならずにメッセージを伝える。
- 情報を無理なく吸収させる。
- 新しい考え方への抵抗感をかわす。

するべきこと

具体的に好例を挙げておこう。

1――「物語」から始める

「ここからそう遠くないところにある山なのですが、ものすごい現象が起こることで知られていました……」。このような物語から話を始めることで、関心を引きつけられる。余計な説明はせずに、そのまま物語を続けることで最大のインパクトをもたらすことができる。

2――自分自身の体験談を話す

個人的な話も相手とのつながりを生み出す。

「つい昨日のことなんですが、買い物で支払いをしようとしているときに、こんなことが頭に浮かびました……」

本当にあった話をすることで、強い親近感を生み出せる。

ポイント

自分自身の言葉で「絵」を描き出す――あたかも目に浮かぶように、音が聞こえるように、感触がわかるように。

3――別の人の話をする

「ダンサーになりたがっていたエリーという女の子がいたのですが、一つだけ問題がありました……」。別の人の話は、自分自身の体験談とは違う形で話すことができる。その人の人柄や才能、美点などについて、客観的に話せるからだ。自分自身のことを話す場合には、そうした点については遠慮が働いてしまう。

4――物語で要点を示す

ロジャー・バニスターが陸上の1マイル（約1600メートル）レースで4分の壁を破るまで、多くの人がそれは不可能だと思っていた。しかし、可能だったことが実証され、他の選手もできると思うようになった。そして、そのわずか46日後に再び4分の壁が破られ、1年後には同一レースで3選手が3分台のタイムを記録した。自分が言いたいことの裏付けになる物語はないか、常に目配りをするようにしたい。

5――比喩で抽象的な概念を具体化する

概念は具体化することで、わかりやすくなる。チップ・ヒースとダン・ヒースは共著書『Made to Stick（記憶に刻みつける）』の中で、直喩も隠喩と同じように、ある物を別の物になぞらえることで理解を助けるという点について説明している。

「抽象的な原理を具体的な土台なしに教えようとすることは、柱を立てずに屋根から家を建てようとするようなものだ」

6――物語を論理的な証拠で裏付ける

アリストテレスは、単に事実を示すだけでなく、感情的なつながりも必要であることを強調した。これはつまり、物語にデータの裏付けを加えるということだ。たとえば、ある治療法が成功を収めたという事実について、医療データを証拠として示すことができる。

7――物語で話を締めくくる

自分のメッセージを端的に伝える物語によって、記憶に残るエンディングにする。プレゼンに必ず物語や比喩を入れるようにすれば、すぐにお手のものになる。

あなたの課題

1 ふだんの会話で何かを説明するときに、「例えて言えば……」と話すようにする。
2 次にするプレゼンについて、自分の考えをわかりやすく伝えるための比喩を見つけ出す。
3 自分の話の要点の裏付けになる物語やエピソードを選び出す。

さらなる学びのために

"The Storyteller's Secret: How TED Speakers and Inspirational Leaders Turn Their Passion into Performance（2018）by Carmine Gallo. 強い物語には、人々を触発し、人生を変える力があるという点について深く学ぶことができる。

秘訣

28 ユーモアの生かし方

ユーモアや軽妙さは往々にして役立つが、的外れになる危険性もある。本人は面白いと思って言ったのにまるで受けなかった、という場面に出くわしたことは誰にでもあるはずだ。

この点が重要である理由

当を得たユーモアは次のような効果を生む。

- ラポート（心の通い合い）を生み出し、場の空気を和ませる。

●話が面白くなる。
●メッセージが記憶に刻まれやすくなる。

するべきこと

1――体験談的なユーモアを生かす

ジョークではなく、共感を呼ぶ日常的な経験の話が笑いを呼ぶことが多い。これは単に笑いを取るだけでなく、相手とのつながりを示すことにも通じる。

●「いつも思うんですが、急いでいる時ほど順番待ちの列が進むのが遅いと思いませんか」

●「部屋に入ってから、何をしようとしていたのか忘れてしまったという経験はありませんか」

●「安売りの広告を見て問い合わせると、決まってもうどれも売り切れですと言われるのは私だけでしょうか」

話の中身そのものが面白いわけではないが共感を呼び、聞く側は思わず頬が緩む。

2——自分のメッセージにつながるジョークを言う

脈絡のないジョークを突然、口に出すと、聞く側はどうしたのかと思うことになる。したがって、ジョークをどう切り出すかが重要だ。自分が伝えたいメッセージに関係するジョークであれば、聞く側もつながりがわかるはずだ。

ポイント
話の本筋と関係のあるジョークなら、つながりを理解してもらえる。

ジョークに入る際には、次のような言い回しが役立つ。

- 「私たちが直面している問題は、例えて言えば、こんなことをしようとしている人のようなものです……」
- 「医者にこんなことを頼む人のようなものです……」
- 「このプロジェクトの管理をしていて、こんなことをしようとした男のことを思い出しました……」

3——テーマに関係するエピソードを引き合いに出す

たとえほんの少しであっても、聞く側が気分を悪くするようなユーモアは避けること。

エピソードは、ジョークとは異なる形でさりげなく笑いを生み出せる。作り話のユーモアよりも、実際にあった話のほうが面白いというのはよくあることだ。ふさわしいエピソードを選んで話すことで、話の要点を示しつつユーモアも加味できる。

4――手本に学んだ上で、自分自身のスタイルをつくる

プロのコメディアンなどから様々なテクニックを学び、自分の話に取り入れることができる。しかし、ステージ上の見せ物とビジネスや教育のプレゼンは大きく異なる。求められるものがまったく違うのだ。ユーモアを使おうとする際には、この点を忘れないようにする必要がある。

5――ユーモアにつながりそうな流れに目を光らせる

ユーモアは話を進めるなかで自然に、意図せぬ形で生まれることもある。たとえば、聞く側の1人から出たコメントがきっかけになるかもしれない。あるいは、コメントや質問に対して自分の言ったことがユーモアにつながるかもしれない。そうした形で自然に生まれたユーモアのチャンスを見逃さないようにすることだ。

あなたの課題

1 ジョークを言うことに慣れていない人は、親しい友人と話すときに練習してみるといい。

2 メッセージを伝えるのに役立つ面白いエピソードはないか、考えてみる。

3 話の面白い人に出会ったら、自分も真似できそうなことを1つ見極める。

さらなる学びのために

"Do schools kill creativity?" TED2006でのケン・ロビンソン卿(Sir Ken Robinson)の19分間の動画。ユーモアの使い方のお手本になる。

Part 2

練習

05 緊張するのは当たり前

秘訣29 落ち着き払う必要はない

誰でも人前で話すときには、あがらないようにしたいと思うものだ。確かに、落ち着いた心理状態は望ましいのだが、実際にはいくらか緊張することもプラスに働く。

この点が重要である理由

リラックスしすぎると慢心につながるおそれがある。スポーツの世界で、番狂わせは数限りなく起きている。周りから勝利濃厚と思われていると、もう勝ったも同然という心理状態に陥りかねないのだ。その一方で、弱い側は実力をフルに発揮できる心理状態になる。集中力が最大限に高まり、「いける」状態になるのだ。

話すことも同じで、「いける」状態にならなければならない。

●リラックスしすぎると注意がおろそかになる。
●精神が研ぎ澄まされた状態になると、うまく話せる。
●自信（過信ではなく）をもてれば、うまくいきやすい。
●気持ちが高まらなければ最高の結果は出せない。

話す人がまったく緊張していない状態では、これは本当に聞く価値のある話なのかと思えてしまう。

するべきこと

次のような方法で、ハイパフォーマンスの状態に入れる。

1――さも自信があるように振る舞う

力があるふりをしていると、本当に力を感じられるようになる。

エイミー・カディ（TEDグローバル2012での講演で、ハーバード大学での研究活動について）

一つの実験結果を紹介しよう。被験者は2つのグループに分けられ、それぞれ2分間、特定のポーズを取り続けるよう指示された。一方のグループは、背中を丸めた内向きの「ローパワー」の姿勢。もう一方のグループは両足を開き、両手を腰に当てて背筋を伸ばす「ハイパワー」の姿勢だった。

その結果、「ハイパワー」の姿勢を2分間続けた被験者たちは、体内でテストステロン（男性ホルモンの一種）の分泌量が大きく増える一方、ストレスを受けたときに分泌が増えるコルチゾールは大きく減っていた。他方、「ローパワー」のポーズを取ったグループは逆の結果になった。つまり、プレゼンなどで話す前に2分間、「ハイパワー」の姿勢で立っていれば、力と自信がわいてくることにつながりうるわけだ。

2——他の状況で、何がハイパフォーマンスにつながったかを考えてみる

これまでにうまくいったことを生かすようにしよう。たとえば、特定の種類の音楽を聞くことで気持ちが高まったかもしれない。服装が自信につながることもありうる。このような場合、そうした音楽や服装は「アンカー」と呼ばれる。

「アンカーとは1つの刺激で、自分や他者に一貫した反応を引き起こす音やイメージ、触覚、嗅覚、味覚などである」と、『NLP at Work（神経言語プログラミングの作用）』の著者スー・ナイトは書いている。自分にとっての「アンカー」は何か、考えてみよう。

3――自分自身のルーティンを確立する

演劇の世界では、演技の前にいつも同じルーティン（一定の所作）をする俳優が多い。ルーティンは、ハイパフォーマンスの状態に入るのに役立つ方法だ。自分が話をする前に状態を高めるためのルーティンについて、考えてみよう。たとえば、会場に早めに入るといったように。

私たちはそれぞれ個人差がある――自分にとって効果のあることを見つけよう。

4――自分の心が落ち着くような形で準備をする

準備の仕方は人によって異なる。大事なのは、自分の心が落ち着くような形で準備をすることだ。直感に従ってみよう。何かしっくりこなかったら、思い切って変えてみることだ。

5――成功を視覚化する

話の内容が固まったら、頭の中でリハーサルをしてみる。実際にその場にいる自分を思い浮かべる。自分の目や耳に入ってくるものについて細かく考えてみる。ポジティブに視覚化する――自分が求める結果をイメージすることが大事だ。完璧なパフォーマンスをイメージするアスリートのように、そうすることで成功の可能性が高まる。

あなたの課題

ハイパフォーマンスの状態に入るための方法を編み出す。

1 ポジティブな心理状態や気持ちの高揚、自信につながることを3つ、ノートに書き出す。たとえば、特定の歌を聞く、スーツを着る、過去にうまくいったことを思い出す、などといったように。

2 話をする前に自信を高めるために生かせることをすべて洗い出す。

3 話をする前の理想的なルーティンをまとめ上げ、ノートに書く。

さらなる学びのために

“Your body language may shape who you are”. TEDGlobal 2012でのエイミー・カディ（Amy Cuddy）の21分間の動画。

秘訣 30 深呼吸して気持ちを落ち着かせて……

不安になると、心ここにあらずというような状態になってしまう。一番多いのは、すでに起こったこと、あるいはこれから起こるかもしれないことについて心配し、不安にのみ込まれてしまうことだ。これは、「センタード（centered＝集中して落ち着いた）」とは逆の「オフセンター（off-center＝集中から外れた）」の状態とも呼ばれる。ストレスを受けたときに分泌されるホルモンであるコルチゾールが増え、十分なパフォーマンスが阻害されてしまう。

こんなときには、まず大きく深呼吸して、自分自身を「今この瞬間」に戻そう。

この点が重要である理由

最高のパフォーマンスをするためには、「今この瞬間」に完全に意識を集中させる必要がある。不安な状態になって「今この瞬間」に集中できなくなると――

- 明瞭な思考ができなくなる。
- 吐き気や頭痛、さらにはもっとひどい症状も起こりうる。
- 不安な心理状態に陥ったことが振る舞い方に表れやすくなる。
- 話を聞く側の信頼感が薄れる。
- パニックのような状態、あるいは固まってしまったような状態にもなりかねない。
- 不安に駆られて十分なパフォーマンスができなくなる。

するべきこと

不安を感じ始めたら、簡単にできる3つの対処法がある。

1――深呼吸で自分を「センター」に戻す

ウェンディ・パーマーとジャネット・クロフォードは共著書『Leadership Embodiment（リーダーシップの体現）』の中で、まず上に向かって呼吸をするように大きく息を吸い込んでから、下向きにゆっくりと自分の体に息を吹きかけるように吐くことを勧めている。その間、背筋は伸ばしたままで、肩の力を抜くようにする。これを数回繰り返すだけでも、自分の意識が「今この瞬間」に戻ったことを感じ取れるはずだ。

座り方や立ち方が考え方、話し方を変えうる。

ウェンディ・パーマー、ジャネット・クロフォード（『Leadership Embodiment』の共著者）

2――不安をポジティブに捉え直す

起きたことにネガティブな意味付けをすると、不安が生じる。しかし、そうしたことをポジティブに捉え直すこともできる。必要なのはただ、「別のことを意味しうるのでは？」と問い直してみることだけだ。いくつか例を挙げよう。

プレゼンの出だしでミスをしてしまった。あなたは直感的にこう思うかもしれない。

●「ミスしてしまった。これはひどいことになる」

しかし、ここで意味を捉え直そうとすれば、こう思えるかもしれない。

●「気をつけろという戒めだ」

あるいは、話をしている最中に次に言うことを忘れてしまったとき、あなたは直感的にこう思うかもしれない。

●「やっぱりだ。またやらかした」

しかし、ここで意味を捉え直そうとすれば、こう思えるかもしれない。

●「忘れることは誰にもある。次はこうならないようにする方法を後で考えよう」

ポイント

水を飲むのもいい。水分の不足はストレスを引き起こすからだ。そして、ストレスは水分不足を引き起こす。スポーツ栄養士のアマンダ・カールソンによると、「研究結果から、0・5リットルの水分不足でもコルチゾール値が上昇しうることが示されている」という。

3——「ネガティブ」な気持ちにポジティブなレッテルを貼る

私たちがポジティブあるいはネガティブというレッテルを貼っている感情も、実際には似通っていることが少なくない。たとえば「緊張」が「気持ちの高揚」と感じられることがあるように。

緊張を克服する手っ取り早い方法は、レッテルを貼り替えることだ。「緊張している」「ドキドキしている」と思うのではなく、「期待に胸が高鳴っている」「気持ちが高揚している」と思えばいい。ネガティブなレッテルを貼り替えて、自分の反応をポジティブに変えることを覚えておこう。

あなたの課題

1 たとえば列に並んでの順番待ちなど、いらだちや不安を感じる状況になったら、前述した深呼吸の仕方を練習して自分を落ち着かせるようにしてみる。

2 自分の反応を捉え直す練習をする。何かにネガティブな反応をしたとき、自分がそのレッテルを貼っただけであるということを自覚し、ポジティブな意味合いで捉え直してみる。

さらなる学びのために

"*Leadership Embodiment——How the Way We Sit and Stand Can Change the Way We Think and Speak*"（2013）by Wendy Palmer and Janet Crawford. 第5章に、プレッシャーを感じた場合

に役立つ一連の方法が紹介されている。マインドフルネスや体がもつ力を通じて自信を高める方法が学べる1冊だ。

秘訣31 完全に原稿どおりに話す必要はないが、そのメリットもある

話す内容をどう覚えたらいいのか。頭の中が真っ白になってしまったらどうしよう、という思いは強い不安につながりうる。この問題を解決する方法は一つだけではない。一連の方法が役立つので、自分に一番合うものを選んでほしい。

この点が重要である理由

自分に一番合う方法を知ることによって、次のようなことが可能になる。

- 落ち着いた気持ちで準備をすること。
- 状況の変化に対応できる柔軟性をもたせて準備すること。

●準備とリハーサルの効果を最大限に高めること。
●話す内容をすべて覚えておくこと。
●最高のパフォーマンスをすること。

ステージの上で話す内容を考えるべきではない。

するべきこと

次の3つの方法のうち、自分に一番合うものを見極める。話の内容や状況によって、違うものがベストになるかもしれない。

1――話すことを原稿にまとめて暗記する

利点

●自分が言いたいことを正確に話せる。
●別の言い方をするべきだったと後悔することを防げる。
●話す内容は頭の中に入っているので、あとは本番で「どう」話すかに集中できる。
●時間どおりに終わらせやすくなる。

欠点

●かなりの時間と労力を要することになりやすい。

ポイント
原稿を読み上げて録音し、それを聞きながら暗記する。

この方法が適するのは——

●特段の重要性をもつプレゼンで、すべてを正確にする必要がある場合。

●話す時間が短い場合。一般的に15分が目安となる。

●直感的に、この方法のほうが安心できると思える場合。

2——話の内容を箇条書きにして覚え、重要な部分だけ原稿を暗記する

利点

●すべてを暗記するより短時間でできる。

●重要な部分は暗記していると安心できる。

●話す内容について、しっかり準備できる。

欠点

●それでも暗記に時間がかかる。

この方法が適するのは――

●すべてを暗記する時間がない場合。

●話の大部分において、言葉遣いまで厳密に決めておく必要がない場合。

●重要な部分は練り上げた文章で話すことで、インパクトが最大限に高まる場合。

3――箇条書きだけをまとめる

話の流れを示す要点だけを箇条書きにして覚える。

利点

●それぞれの要点を自然な口調で話せる。

●原稿を暗記するより時間がかからない。

●原稿の語句を忘れてしまう不安をなくせる。

●十分にリハーサルすれば、自然に暗記する結果になる。

欠点

●後から、もっとうまい言い方があったと気づくことが起こりうる。

●箇条書きは話の細かい部分までカバーしないので、言うべきことを言い忘れるという事態が起こりうる。

この方法が適するのは——

●原稿を暗記するのは実際的ではない、あるいは必要ないと思える場合。
●原稿を暗記しないほうがやりやすいと思える場合。
●特段の重要性をもつプレゼンは別にして、箇条書きにして覚えるだけで間に合う。
●チームミーティング、あるいは顧客との会議など、特段の重要性がない場合。
●特段の重要性をもつプレゼンでも、何度もリハーサルしようとする場合には、この方法が適する。

自分に一番合うものを見極めよう。

次に話すことを忘れてしまった場合には？　以下の点を覚えておいてほしい。

●よくあることで、それですべてが終わってしまうわけではない。
●短い沈黙はまったく問題ない。
●聞いている人たちは、あなたが次に何を話すのか、そもそも知らない。

忘れてしまうことを避けるためのステップとして――

●忘れてしまうことが不安なら、はじめからすべてを暗記しないようにしておこう。

●要点をカードに書いて手元に置いておく。いつでも見ることができるとわかっているので不安が和らぐ。

忘れてしまった場合の対処法を決めておく。

●大きく深呼吸する。

●水を飲む。

それでも思い出せない場合には――

●手元のカードを見て、話のどの部分だったのかを確認する。

●再び話に戻る。

自分に合う方法を見極めたら、いつもそうして慣れるようにする。

あなたの課題

この簡単なエクササイズで「覚える力」を高める。

1 話す内容を覚えるために、自分がこれまでしてきたやり方をノートに書き出す。

2 うまくいっている部分と、うまくいっていない部分を見極める。
3 次の機会にやり方を変えてみる点を3つ書き出す。

さらなる学びのために

クリス・アンダーソン著『TED TALKS スーパープレゼンを学ぶTED公式ガイド』(日経BP、2016年)。第11章に、この点に関する指針がまとめられており、TEDの講演者たちが使っている記憶法の実例も挙げられている。

秘訣32 頭の中でのリハーサルで問題点を見つけ出す

私はTEDxHullでの講演に際して、それぞれの客席の下にカラーペンのセットを用意しておくというアイデアを思いついた。しかし、頭の中でリハーサルをしてみて、客席の人たちがそれを手に取って開けるまでに時間がかかり、会場がざわついてしまうことも予見された。話の冒頭部分でそんな状況になると、流れが滞ってもたついてしまう。そこで私は、パッケージのふたを開けた状態でペンを置いておくことにした。おかげで客席の人たちはすぐにペンを取り出せた。頭の中でのリハーサルで問題点に気づき、解決策を考え出すことができたのだ。

問題点に考えを巡らせることがものを言う。

この点が重要である理由

すべてを漏れなくチェックする必要があり、頭の中でのリハーサルで次のことが可能になる。

- 準備の様々な段階で、話す内容について確認すること。
- それぞれのアイデアが効果を生むかどうかの見極め。
- どんな具合に仕上がっているか、感触をつかむこと。
- 問題を引き起こしうる部分を把握すること。
- そうした問題にどう対処するか、想定しておくこと。
- うまくいきそうにないアイデアを別の良いアイデアと入れ替えること。
- すべてを隅々までチェックし、自信がもてる状態になること。

するべきこと

学術誌「Journal of Experimental Social Psychology（実験社会心理学研究報）」（2011年7月号）に発表された研究論文において、ヘザー・カップスとガブリエル・エッティンゲンは「クリティカル・ビジュアライゼーション（批判的な視覚化）」という概念を提唱した。障害になるおそれのあること、うまくいきそうにないことを頭に思い浮かべることを意味する。そうした障害に想像を巡らせると、それを克服しようとする動機づけが働く。問題に対処している自分自身の姿を思い浮かべられるようになれば、実際にそうできるという自信がつく。

次のようなステップを踏んで、頭の中でのリハーサルで問題点を見極めておこう。

1――プレゼンをする場所について、あらゆる情報を集める

●部屋のレイアウト
●椅子の配置
●機器を置く位置
●自分が立つ位置
●起こりうる問題

2――静かな場所で、その部屋に入った自分を思い浮かべる

●目を閉じるとさらに効果的かもしれない。
●自分自身の目で隅々まで見回してみる。

●できる限り現実感を高める。
●聞こえてくるものに耳を澄ます。
●どんな感じがするか。
●その他に気づくことは？

ポイント
その場の情景に意識を集中させるほど、気づけることが増えていく。

3——全体を通してリハーサルする

●頭の中で話を始める。
●聞く人たちの顔に目を向ける。

話を順に進めていきながら、次の点を意識する。

●話はうまく進んでいるか。
●うまくいっていると思える部分は？
●不安を感じる部分は？
●何か足りなそうな部分は？

●問題のある部分について、対処している自分自身を思い浮かべる。

4――「視覚化」のプロセスを終えて気づいたことをノートにリストアップする

●うまくいったことは？
●うまくいかなかったこと、不安を感じたことは？
●問題にどれだけうまく対処できたか。
●自分でコントロールできないことは？
●見つかった問題にどう対処するか。

この「頭の中でのリハーサル」を繰り返し、問題を減らしていく。

あなたの課題

1 次回のプレゼンについて、前述の4つのステップをふまえて頭の中で全体をリハーサルする。
2 起こりそうな問題を洗い出し、それにどう対処するかを思い浮かべる。
3 解決すべき問題点をすべてノートに書き出す。

さらなる学びのために

"Tapping the Power of Mental Rehearsal" by Brett Steenbarger, 17 February 2018, Forbes: www.forbes.com/sites/brettsteenbarger/2018/02/17/tapping-the-power-of-mental-rehearsal/#70ac746766f0.「メンタル・リハーサル」に関するフォーブス誌の記事。

秘訣33 リハーサル、リハーサル、リハーサル

まず話の内容を組み立ててからリハーサルする、というのが論理的な順序であるように思える。しかし、実際には必ずしもそうとは限らない。話の達人たちは2種類のリハーサルをしていることが多い。

まず一つは「作り出すリハーサル」と呼べるもので、練習をしながら話の内容をまとめ上げていく。一般的に見過ごされがちだが、これは重要な1段階だ。もう一つは、いわゆる普通の意味でのリハーサルだ。「磨き上げるリハーサル」と呼べるもので、すでにまとめ上げた内容を実際に口に出して練習する。

この点が重要である理由

2種類のリハーサルがあることを認識することによって、どのようなリハーサルが自分に必要なのか見極められるようになる。正しい形でリハーサルする必要があるのは、次のような理由からだ。

- 人それぞれに違いがあり、他の人にとって良いものが自分にとっても良いとは限らない。
- 準備のための時間を最大限に効率的に使える。
- 安心感が生まれ、本番の日に自信をもてる。
- 最高のパフォーマンスができる可能性が高まる。

するべきこと

2種類のリハーサルについて、次のヒント集を読み、それぞれのなかで自分に適しているものを見極める。

「作り出す」リハーサル

クリス・アンダーソンは著書『TED TALKS スーパープレゼンを学ぶTED公式ガ

イド』の中で、クレイ・シャーキーが原稿をまとめずにＴＥＤのオフィス内でプレゼンなどをしていることに触れている。

シャーキーは「話すこと（リハーサルをすること）で準備をする」と言っている。はじめは「リハーサルというよりも編集作業」だという。話す内容がまとまってからも原稿は作らず、代わりにメモを作成する。このような形でのリハーサルについて、私のアドバイスは次のとおりだ。

1――話の構成が見えるように主な部分を箇条書きする

●カードにメモ書きする。

●フリップチャートに箇条書きする。

●付箋に書いて壁に貼る。

2――立ってリハーサルし、ジェスチャーも入れる

●立って話すことでプレゼンの臨場感が生まれる。

●ジェスチャーを加えることで言葉が見つかりやすくなる（「秘訣48」参照）。

3――ポイントを押さえる

●友人や同僚に見てもらい、気づいた点をメモしてもらう。

●うまい表現ができたと思ったら、話を中断してメモに書き留める。
●録音または録画する。

4――振り返って、次の練習までに磨きをかける

●うまくいったことと、いかなかったことをノートに書き出す。
●内容や構成に磨きをかける。
●箇条書きのメモや原稿を手直しする。

この手順で話す内容がまとまったら、次に説明する「磨き上げる」リハーサルに入る。

ポイント
一番気になる部分の練習とまとめ上げに焦点を合わせる。

「磨き上げる」リハーサル

原稿をまとめ上げるのは、一言一句まで暗記できるようにするためだ。箇条書きの場合は、適切な表現を見つけ出せるようにすることが目的となる。

1——なじみの薄い部分に特に注意を払う

ケニー・ワーナー（アメリカのジャズピアニスト、作曲家、文筆家）は、楽曲を覚える際のアドバイスとして、特定の部分を「難しい」と思わず「なじみが薄い」と思うようにするといいと言っている。このポジティブな心構えによって、そうした部分になじめば作業が楽になる。

2——冒頭と結びの部分を暗記する

原稿の暗記をしない場合でも、話の冒頭と結びの部分にどう言うかは決めておく。大事な出だしと締めくくりに自信がもてるようになる。

3——一つの事柄から次へのつながりを頭に入れておく

こうすることで、話の流れを忘れないようになる。

4——リアリティを高める

できれば、本番で使う機器を同じ形でセットし、複数の人にリハーサルを聞いてもらう。

5——フィードバックを得る

自分自身の考えだけに頼らないこと。フィードバックを得る際のポイントは「秘訣

34」で説明する。

熟達とは、どんな曲でも常に考えずにプレイできることだ。

ケニー・ワーナー（『Effortless Mastery（軽々とした熟達）』の著者）

十分なリハーサルをすることによって、熟練のパフォーマンスが可能になる。

あなたの課題

この簡単なエクササイズで「作り出す」リハーサルに慣れよう。

1 次回のプレゼンについて、まだ完全に内容が固まっていない部分を選ぶ。
2 内容を箇条書きする。
3 スマホなど録音・録画の機器をセットする。
4 箇条書きを見ながら、実際に話をする。
5 録音を聞きながら、良いと思えるフレーズをノートに書き出す。
6 そうしたフレーズを原稿やメモに付け加える。

さらなる学びのために

クリス・アンダーソン著『TED TALKS スーパープレゼンを学ぶTED公式ガイド』（日経BP、2016年）。第12章でTED講演者たちのリハーサル方法が学べる。

秘訣34 フィードバックのための実験台を見つけ出す

他人と同じ目で自分自身を見ることはできない。プレゼンやトークについて自分の考え方だけに頼ると、大事なことを見逃す結果になるのは必至だ。有益なフィードバックが極めて大きな改善につながりうる。

この点が重要である理由

フィードバックを得ることによって、次のようなことが可能になる。

● 自分の話について、まったく別の視点をもつこと。

●自分では得られない洞察を得ること。
●うまくいっている部分を知ること。
●うまくいっていない部分を知ること。
●どうすれば改善できるかを見極めること。

私たちはすべて、フィードバックをしてくれる人を必要としている。そうやって私たちは向上するのだ。

ビル・ゲイツ

するべきこと

1――次の4つの点についてフィードバックを得る

●内容――メッセージは明確になっているか。
●構成――つながりや流れはうまくできているか。
●ビジュアル――スライドは効果をもたらしているか。
●プレゼンのスタイル――十分なエネルギーが感じられるか。声や話し方、ボディランゲージはうまくいっているか。

一つのフィードバックが違いを生み出しうる。

2——適任者を見極める

エキスパートとそうでない人の両方に依頼する。

- エキスパートの価値は言うまでもない。
- しかし、あなたのことや当該のテーマについてよく知らない人の意見も役立つ。

クリス・アンダーソンは著書『ＴＥＤ　ＴＡＬＫＳ　スーパープレゼンを学ぶＴＥＤ公式ガイド』の中で、レイチェル・ボッツマンの経験を紹介している。簡単に言うと、ボッツマンは、自分と自分の仕事についてすでに知っている人たちだけを集めてリハーサルしたのは失敗だったと認めている。ボッツマンによると、最善のフィードバックは「話のつじつまが合わなかったり、思い込みだけで話したりしている部分」を遠慮せずに指摘できる人たちから得られる。

あなたの仕事について何も知らない人の前でリハーサルすることだ。

レイチェル・ボッツマン（オックスフォード大学講師、ＴＥＤ講演者）

個人とグループそれぞれに頼もう。

- 個人からは深く踏み込んだフィードバックが得られる。
- グループは本番で聞く人たちの代わりとして、様々な視点を与えてくれる。

3——段階ごとに焦点を変えてフィードバックを求める

●初期——アイデアをまとめながら、まだ柔軟に考えられる段階。
この段階では、内容と構成についてフィードバックを求める。

●中期——まだ手直しできる段階。
内容と構成はほぼ固まっているはずだが、まだ修正できる時間的余裕がある。

●本番の直前——この段階でのリハーサルは、本番どおりの練習になる。本番の直前になったら、内容の手直しにつながるような大きなフィードバックを求めている時間的余裕はない。極めて重大な問題が生じない限り、この段階では小さな修正だけにとどめるようにする。
この段階では、プレゼンのスタイルについてフィードバックを求めるようにするが、内容や構成、ビジュアルについて改善すべき点にも耳を傾ける。

●本番の後
もう一度話すことになっている場合には、ここでのフィードバックが特に大きな価値をもたらす。

4――口頭と文書でフィードバックを求める

学べるチャンスを最大限に生かすために、両方の形でフィードバックを求める。

5――2種類のフィードバックを求める

フィードバックを次の2つの部分に分けてもらう。

●うまくいった点は？

●変えるべき点は？

ポイント
フィードバックは、できるだけ具体的にしてもらうようにする。

素晴らしいという褒め言葉はうれしいものだが、それでは漠然としていて有用なフィードバックにならない。何が良かったのかがわからないからだ。耳と目で捉えたその根拠を示してもらうようにする。

6――フィードバックを受ける際の指針

●耳を傾ける――自分を正当化したり、言い返したりすることは避ける。

●自分が正しく理解できているか確認する――よくわからない点について質問し、具体例を挙げてもらう。
●受け止め方を比較する――他の人たちも同じ受け止め方をしているか。
●前向きに捉える――フィードバックを受ける目的は学ぶことにある。
●フィードバックに感謝する――謝意を伝えること。フィードバックをするのは必ずしも簡単なことではない。
●選択する――フィードバックされたことを実際に取り入れるかどうか、選択が必要になるかもしれない。

あなたの課題

次の点を見極めることによって、話し方や話の内容を高めることができる。

1 どの部分について最もフィードバックを得たいか。
2 誰が最適任者か。
3 どの段階で頼むか。

さらなる学びのために

本書の巻末に、次の2つの点についてまとめてある。

1「プレゼンの観察——見るべきポイント」 リハーサルを見る際の指針。この部分をコピーして、見てもらう相手に渡しておくといい。

2「観察者のフィードバックの票」 この雛形に沿って書式を作り、リハーサルを見る人たちに配ってコメントを書き入れてもらうことができる。

Part 3

実行

06 何をどう言うか

秘訣35 言葉と声、ボディランゲージが一致するように

「はい」と答えたのに「いいえ」と言っているように聞こえた、という経験は誰にでもあるはずだ。「ちゃんと聞いているよ」と言いながら、目を泳がせて上の空のようだ……という状態も思い当たるだろう。このような場合、私たちは相反するメッセージを受け取っているのだ。

この点が重要である理由

コミュニケーションは3つの要素で構成される。

- 言葉
- 声のトーンや抑揚、スピード、大きさなどの質感
- 身ぶりや顔の表情、姿勢などのボディランゲージ

効果的なコミュニケーションには、３つのすべてが同調しなければならない。

エマ・レデン（『The Presentation Book（ザ・プレゼンテーション・ブック）』の著者）

３つが同調しないと、メッセージがあやふやになってしまう。

メッセージが曖昧である場合、私たちは声とボディランゲージで判断しがちになる。

これはつまり、実際の言葉よりも声とボディランゲージから意味を読み取るということだ。たとえば、話をしている相手がスマホの画面を見ながら「聞いてるよ、続けて」と言った場合、その言葉より行動で判断することになるだろう。

するべきこと

言葉と声、ボディランゲージを一致させる。

３つを合致させて信頼を得る。

話を聞く人たちに明確なメッセージを伝えるために――

1――言葉を注意深く選ぶ

自分が言いたいことが正確に伝わるように、言葉や語句を吟味する。言葉遣いの違いによって異なる感情が呼び覚まされ、受け止め方が変わる。たとえば、「このアイデアはどうでしょうか」「一つ提案があります」「私の提案を言います」「これが役に立つかもしれません」という言い方は、それぞれ内容的には似通っていてもニュアンスが微妙に異なる。このような言い回しについては「秘訣36」で説明する。

2――伝えたい内容にふさわしい声で話す

言葉遣いに注意を払っていても、声や言い方、強調の仕方で意味合いが変わる。どの言葉を強調するかによって全体の意味が変わりうる。

次の1文を、それぞれ太字で示した言葉を強調して言ってみてほしい。どのように意味合いが変わるだろうか。

●「彼がそのお金を**盗んだ**とは、私は一度も言っていません」

●「彼が**その**お金を盗んだとは、私は一度も言っていません」

●「**彼が**そのお金を盗んだとは、私は一度も言っていません」
●「彼がそのお金を盗んだとは、私は**一度も**言っていません」
●「彼がそのお金を盗んだとは、私は一度も**言っていません**」
●「彼がそのお金を盗んだとは、**私は**一度も言っていません」
●「彼がその**お金**を盗んだとは、私は一度も言っていません」

つまり、自分の言いたいことが正確に伝わるように話す必要がある。メッセージの強さが薄れてしまわないように、必要に応じて力や熱情、あるいは信念を込めて話す。声の使い方については「秘訣39〜41」で説明する。

3――メッセージをボディランゲージで裏打ちする

まったく同じ言葉で2人がプレゼンをしたとしても、ボディランゲージによってメッセージの伝わり方に大きな差が生じうる。言葉と声にボディランゲージを合わせよう。たとえば、断定的なことを言うときには力強い声、真剣な表情、胸を張った姿勢で話すようにする。ボディランゲージの使い方については「秘訣46〜50」で説明する。

留意するべきこと

考えすぎないようにする。声とボディランゲージに注意を払う必要はあるが、あくまでも自分らしさを忘れないこと。

ポイント
プレゼンのリハーサルを見てもらい、言葉と声とボディランゲージが一致しているかどうか、フィードバックを求める。

あなたの課題

言葉、声、ボディランゲージに対する意識を高める。

会議や打ち合わせなどの場で——

1 他の人たちの感情がどのようにボディランゲージに表れるかを観察する。

2 突然の変化を見逃さないようにする。

3 感情がどのように声の調子に表れるかに注意する。

4 言葉と声、ボディランゲージが一致しているかどうか見極める。

さらなる学びのために

アラン・ピーズ、バーバラ・ピーズ著『自動的に夢がかなっていくブレイン・プログラミング』（サンマーク出版、２０１７年）。様々な種類のコミュニケーションにおけるボディランゲージについて、深く学べる。

秘訣 36 シンプルに話し、メッセージが瞬時に伝わるようにする

一般的な傾向として、小難しい言い方をしたり、意図的に頭が良さそうに聞こえる言葉（「洗練された」言葉）を使ったりすることになりやすい。デービッド・オッペンハイマーが次のように報告している。

「スタンフォード大学の学部生１１０人を対象に、文章を書くときの癖について調査したところ、ほとんどの学生が、頭がいいと思われるように複雑な文を書こうとするということを認めた」

しかし、複雑な言い方をすれば、本当に頭が良さそうに見えるのだろうか。

この点が重要である理由

プレゼンをする場合、たいていの人は聞く側にわかりやすくしたいと考える。また、聞く人たちを喜ばせるような言葉遣いをしようとも考える。

研究結果は何を意味しているか

前述の110人の大学生を対象にした調査研究で、オッペンハイマーは「そのようなやり方は逆効果になりやすい」ことを突き止めた。オッペンハイマーはスタンフォード大学で、シンプルな文章と複雑な文章の効果を比較する実験を行った。その結果から「複雑なボキャブラリーは文章を読みにくくし、書き手の知性に対する評価が低くなる」ことが示唆されたと結論づけている。つまり、できるだけシンプルな文章を書けということだ。

話し言葉については？

話し言葉についても、専門家はシンプルなほうがいいとしている。私自身、ラジオのパーソナリティがある経営幹部のスピーチの原稿を手直しするのを見たことがある。その人は難しい言葉をシンプルな言葉に置き換えた。その結果、はるかにわかりやすいスピーチになった。

シンプルな言葉はわかりやすく、それを話す人は賢く思われることになる。

するべきこと

プレゼンの原稿やスライド、配布資料を作成する際に、次の5つのポイントを実践する。

1——短いシンプルな言葉を使う

例外になるのは、説明上、長い言葉を使う必要が本当にある場合のみ。

2——短い文にする

長い文を聞いたり読んだりすると、頭の中にたくさんの情報をとどめなければならなくなる。短い文にすれば、そうした負担をかけずにすむ。

バラク・オバマ前米大統領のスピーチライターだったアダム・フランケルは、スピーチの準備をする際には「話すように書く」べきだと言っている。また、「つっかえやすくなるので複雑な構文は避ける」べきだとも言っている。

ポイント

スピーチの原稿を書きながら、声に出して読んでみる。それを十分にやれば、言葉をタイピングしながら音声が聞こえるようになるはずだ。

アダム・フランケル（バラク・オバマ前米大統領のスピーチライター）

3──能動態の文にする

能動態の文は、主語が行動の主体になる。逆に受動態の文は、主語が行動の対象になる。単純な例で示そう。

●「マーケティング計画がデービッドによって策定された」というような受動態の文は避ける。

●「デービッドがマーケティング計画を策定した」という能動態の文にする。単純に主体（この場合ならデービッド）を文頭に置けばいい。

4──必要のない言葉は省く

●付け加える必要のない言葉は省く。たとえば、「メアリーが市場の動向について調査を行った」と言う必要はない。

●「メアリーが市場の動向について調査した」で事足りる。

●話の内容を原稿にまとめる場合には、見直して不要な言葉を削るようにする。

5──専門語は避ける──誰でもわかる言葉に

プレゼンを聞いていて、知らない言葉や言い方が出てきたという経験は誰にもあるのではないだろうか。たとえば「ファッショナイズ（fashinise）」「フィナンシャル・フットプリント（financial footprint）」「ゼロ・サイクルズ（zero cycles）」など、専門語の数は限りないが、そうした言葉が聞く人たちの気持ちを遠ざけ、いらだたせてしまう力もまた限りないと言えるほどだ。

聞く人の誰もがわかる言葉を使うこと。それには専門語を避けることも含まれる。専門的な言葉を使う場合には、その意味を説明する必要がある。話をする相手が専門家である場合は別だ。専門語もその場の「誰もがわかる言葉」ということになるのだから。

あなたの課題

1 次の言葉をもっとシンプルな言葉に置き換える。

- 開始する [　　　　]
- 後続の [　　　　]
- 傾注 [　　　　]
- 近接 [　　　　]
- 知らしめる [　　　　]

2 自分が書いたプレゼンの原稿やスライド、資料などから1つを選び、難しい言葉や言い方をシンプルに言い換えてみる。

さらなる学びのために

"*How to Write an Easy Read: Retrain Your Brain to Write Simply and Clearly With These 10 Lessons*"（2016）by Lynette Clarke. シンプルで簡潔な文章を書くコツが学べる。

秘訣37 修辞的疑問で関心を引きつける

興味を引くはずのテーマなのに、聞く人たちの関心がいまひとつ薄いことがある。思わず身を乗り出すように聞き入らせる方法があったら、どんなにいいだろうか。実は、そんな方法がある。修辞的疑問（反語）を使うことだ。

この点が重要である理由

聞く側の人たちが関心をもっていることは前提にできない

ビジネスのプレゼンは多くの場合、関係者が自分の意思に関係なく出席しなければならない。

したがって、出席者がある程度の関心をもっている場合でも、プレゼンをする側が関心をさらに高める必要がある。

期待感を高められる

ジェットコースターが急角度でゆっくりと上がっていく間、次に来る急降下への期待感が高まる。それと同じように、修辞的疑問によって期待感を高めることができる。

好奇心が「知りたい」という関心を生む

この話はいったい、どんな結末になるのかという思いが好奇心につながる。映画の結末を見逃してしまった経験はないだろうか。そうした場合に不満を感じるのは、好奇心が満たされずに終わってしまったからだ。結末を知るまで好奇心は満たされない。

好奇心は、あなたが思っているよりも多くの形で学習を促す。

カリフォルニア大学で行われた研究によれば、自分が好奇心をもったテーマについては記憶に残りやすくなる。さらに意外なことに、好奇心をもっていると無関係な情報まで記憶に残ることが実験で確認されている。この研究論文の共同筆者の一人、マシアス・グルーバーはこう報告している。「好奇心によって、脳はどのような種類の情報でも学習して保持できる状態になる。学習への動機づけが働いている事柄をのみ込む渦のようなものだ。一つの事柄に対する好奇心によって、人は他の事柄も記憶しやすくなる」

するべきこと

1——修辞的疑問で好奇心をそそる

次の2つの例のように、答えを求めない修辞的疑問を投げかけることによって、聞く側は思いを巡らすようになる。

「TEDxPuget Sound 2009」でのサイモン・シネックの講演「偉大なリーダーはどのようにして行動を触発するか」から

この講演はこう始まった。

「物事が思いどおりに進んでいない場合、あなたはどう考えるでしょうか。そしてさらに、他の人たちがあらゆる前提に反するような形で物事を成し遂げた場合、あなたはどう考えるでしょうか。たとえば、アップルはなぜあんなに革新的なのか」

このように、シネックは自分の知見を明かす前に、聞く人たちの期待を高めている。

「TEDxBeaconStreet 2015」でのロバート・ウォルディンガーの

講演「良い人生とは？　幸福に関する最も長期の調査から言えること」から

この講演はこう始まった。

「私たちの人生において幸福と健康を保ってくれるのは、いったい何なのでしょうか。あなたが今、将来の自分が最も良い状態になるように投資するとしたら、時間とエネルギーを何に注ぎ込みますか」

このようにして、ウォルディンガーは2分間ほど好奇心を高めていった。そして、2つの修辞的疑問で導入部を締めくくった。

「しかし、もし私たちが自分の人生全体がどのように進んでいくかを見ることができるとしたら、どうなるでしょうか。ティーンエイジャーの時期から高齢期になるまで、何がその人の幸福と健康を保つのか、学ぶことができるとしたら、どうなるでしょうか」

この時点で聞く側は関心を引きつけられ、話の展開に耳を傾ける状態になっている。

2――関心を引きつけるフレーズで話を始める

- 「……と思ったことはないでしょうか」
- 「こんな思いが頭に浮かんだことはないでしょうか」
- 「もし……できたら、素晴らしいと思いませんか」
- 「なぜ、必ず……になるのでしょうか」
- 「……と思うのは私だけでしょうか」

●「……に気づいたことはありませんか」
●「これは私だけでしょうか、それとも……」
●「……という経験をしたことはありませんか」
●「もし……だったら、すごくないでしょうか」
●「なぜ人々は……するのでしょうか」

修辞的疑問を話の冒頭と途中の両方で使うようにする。

あなたの課題

1 次回のプレゼンについて考えてみる。
2 好奇心をそそるための6つの修辞的疑問をノートに書き出す。
3 話の切り出し方を実際に練習し、自分で考えた修辞的疑問をいくつか織り込む。

さらなる学びのために

"How great leaders inspire action". TEDxPuqetSound Washingtonでのサイモン・シネック(Simon Sinek)の18分間の動画。修辞的疑問の使い方の良いお手本になる。

秘訣38 覚えてもらえるように繰り返し、覚えてもらえるようにまた繰り返す

自分が求める結果を達成するためには、話を聞く人たちに最も重要なポイントを覚えてもらう必要がある。そのための最善の方法の一つが反復だ。

この点が重要である理由

反復が重要なのは、次のような理由からだ。

- ●最も重要な点が明確になる。
- ●メッセージを繰り返すことで耳になじむ。
- ●研究結果から、耳になじんだアイデアは受け入れられやすく、信頼されることが示されている。
- ●アイデアを受け入れて信頼してもらえれば、相手の人たちが行動を起こす可能性が高まる。

反復は記憶に影響する最も強力な変数の一つである。

ダグラス・L・ハインツマン（自身が行った実験について。「Learning and Motivation（学習心理学とモチベーショ

ン』」第10巻　1976年）

するべきこと

1――反復に値する事柄を見極める

自分が求める結果を達成するうえで、話を聞く人たちに何を覚えておいてもらう必要があるか、自問してみる。

ポイント
覚えておいてもらいたい最も重要なメッセージを繰り返す。

2――言葉を慎重に選ぶ

覚えておいてもらいたいことをノートに書き出す。それをどのような言葉で表現するかによって、どれだけ強く記憶に残るかが変わるという点に注意を払うようにする。最初に頭に浮かんだ言い方で済ませようとしないこと。いろいろと言い方を変えてみて、「これだ」と思えるものを選ぶようにする。

キャッチーで簡潔な言い方をすること。
　ナイキの「Just do it」のようなキャッチフレーズをイメージするとわかりやすい。企業幹部にスピーチのコーチングをしているジェーン・ダーシーは、イメージについてのセミナーで、記憶に残りやすいフレーズで要点を何度も繰り返した――「自分が放射するものがはね返ってくる」。一つの言葉や同じ音で始まる言葉を繰り返すことで、効果を生み出せる。たとえば「肝心なのは適正なスタッフ、適正な製品、適正なプロセスです」といったように。

3――最大のインパクトを生むタイミングを見極める

　効果的なやり方をいくつか挙げよう。

冒頭と中盤と最後に繰り返す
　話の最初と最後の部分は記憶に残りやすい。中盤でも言うことによって、さらに記憶に残りやすくなる。

要所で繰り返す
　１９４０年にイギリスのチャーチル首相は、下院での演説で「We shall（我々は～する）」という言葉を繰り返し使い、力強く締めくくった。その表現が本当に強力な目的意識を伝えていることがわかる。

「我々は、どのような代償を払おうとも我々の国を守る。我々は海岸線で戦う。我々は上陸地点で戦う。我々は荒野で、そして市街地でも戦う。我々は丘陵で戦う。我々は決して降伏しない」

全体を通じて何度も繰り返す

どのような場合にも必ず、メッセージを繰り返すべき重要な箇所というのが出てくる。たとえば、具体例や裏付けとなる証拠を挙げた後がそうだ。そうした箇所でメッセージを繰り返すことは、論理的に至極当然のことでインパクトも高まる。

「一つの考え方を繰り返して強調すると、聞いている人たちの頭の中で、それと対抗する考え方の地位が下がり、場合によっては完全に頭の中から消えてしまうことにもなる」

ジェーン・ダーシー（企業幹部のスピーチコーチ）

4――同じ形で繰り返す

同じ声のトーンや強調の仕方で繰り返すこと。そうした声の「音色」によって、メッセージが歌のように記憶に刻まれることになる。聞いている人たちが、おうむ返しに言うような状態になることもある。

5――ビジュアルも使って記憶に焼きつける

聞いている人たちの耳と目から同時に記憶に焼きつけるようにする。ビル・ゲイツはとある「TEDトーク」で「求む――エネルギーの奇跡」という言葉を、大空の写真にかぶせたコラージュのスライドでも示した。

ただし、聞く側をいらだたせる「反復のしすぎ」は避けること――記憶に刻みつけるのに適正な回数を見極めるようにする。

あなたの課題

過去のプレゼンや次回のプレゼンの内容について――

1 覚えてもらいたい最も重要なメッセージをノートに書き出す。
2 どのようなビジュアルで効果を高められるかを考える。
3 メッセージと画像を一体化させたスライドを作成する。

さらなる学びのために

"I have a dream speech", マーティン・ルーサー・キングJr. 牧師の演説の編集動画、または32分間の全編動画（YouTube)。

秘訣39 「聞きやすい声」にする7つの方法

話す人が聞きやすい声で話すと、聞く側は話を楽しめるようになる。ところが、どうすれば聞きやすい声になるのか、必ずしも理解されていない。自分の話し方を意識していない人も多い。聞きやすい声で話してインパクトを高めるシンプルな方法をいくつか挙げよう。

この点が重要である理由

声に問題があると、支障が生じることになりかねない。「もう一度言ってもらえますか」「もっと大きな声でお願いします」などと言われるのは気まずいものだし、印象が悪くなる。声が弱いと信頼性が薄れてしまう。逆に、通りがよくて聞きやすい声は信頼性の向上につながる。

するべきこと

テンポと間の取り方を変えること（「秘訣40」で説明する）に加えて、次のことがインパクトを高めるのに役立つ。

1──声を届かせる

部屋の大きさを考えて、十分な大きさの声で話す。事前に部屋の奥まで声を届かせてみて、適度な声の大きさを見極めておく。必要以上に声を張り上げないこと。聞き取りにくいほどの小声ではなく、かつ耳障りになるほど大きくならないようにする。

2──明瞭に話す

つい気が緩んで、言葉と言葉の間をきちんと区切らず、続けて言ってしまうようなことになりやすい。これは禁物だ。聞いている人たちが、話した内容の一部を聞き取り損ねることになりかねない。

明瞭に話すとは、たとえば言葉の最初と最後をはっきり発音するということだ。「ネクスト・チューズデイ（next Tuesday＝次の火曜日）」が「ネクスチューズディ」のようになってはいけない。「next」の「t」と「Tuesday」の「t」がそれぞれわかるように発音しよう。語頭と語尾をはっきり発音することによって、明瞭に聞こえるようになる。

3――抑揚をつける

一本調子がどれだけ退屈感を引き起こすか、誰もが経験的に知っているはずだ。抑揚をうまくつけて話そう。情熱を込めて話せば、自然と声にメリハリが生まれるはずだ。

4――キーワードを強調する

一つの言葉を強調することで、意味がより明瞭になる。強調の仕方を変えることで、意味合いも変わる。たとえば、「この極めて重要なプロジェクトでデレクを支えることは**必須だ**」と「**この極めて重要なプロジェクト**でデレクを支えることは必須だ」といったように。

プレゼンの原稿に目を通し、強調すべき言葉や語句を見極めよう。

5――文の終わりに声を張り上げることはしない

そうすると威厳がなくなってしまう。文の最後に声が高くなると、緊張しているように思われたり、さらには子供っぽい印象を与えることになりかねない。

ポイント

「えー」などとは言わず、間を取るようにする。

6――文の最後に声を落として重みを出す

こうすることで信頼感を高められる。ただし、やりすぎると対決姿勢のように受け取られかねないので、重要な部分で繰り出す奥の手にすること。

7――深く呼吸をする

呼吸が浅いと声が細くなりやすく、緊張につながることにもなりかねない。腹式呼吸をするように。息を吸い込んで、お腹が膨らむのを意識する。こうすることで声がよく通るようになり、話が聞きやすくなる。

あなたの課題

次のエクササイズでスキルを高めよう。1人で行うこともできるし、誰かに聞いてもらってフィードバックを受けるという形にもできる。

1 新聞や雑誌の短い記事を選ぶ。
2 それを1分間音読し、自分の声を録音する。
3 録音を聞いてチェックする。うまくできている部分と、改善の余地がある部分を見極める。
4 もう一度音読し、直すべきだと思ったことを実際に試してみる。そして録音を聞き、違いに耳を澄ませる。
5 別の記事を音読し、スキルをさらに高める。

さらなる学びのために

"How to speak so that people want to listen". TEDGlobal 2013でのジュリアン・トレジャー(Julian Treasure)の10分間の動画。声の使い方についての専門家のアドバイスに加え、話し方の素晴らしい手本を見ることができる。姿勢やジェスチャーの使い方に注目してほしい。

秘訣40 重要なポイントに注意を引きつける

聞き手に話の内容をすべて覚えてもらうわけにはいかないが、幸いにも、プレゼンの成否はその点にかかってはいない。しかし、最も重要なメッセージを覚えて帰ってもらう必要がある。したがって、インパクトを与えて重要なメッセージを記憶に刻みつけることがカギとなる。

この点が重要である理由

- 重要なことであるように話せば、聞く側もその重要性を感じ取る。
- 伝え方が悪いと、メッセージのインパクトが薄れてしまう。
- インパクトが弱いと、メッセージが裏付け材料の中に埋もれてしまう。
- メッセージを記憶に刻みつければ、相手の人たちが行動を起こす可能性が高まる。
- メッセージを理解してもらえれば、所期の効果が達成されやすくなる。

するべきこと

次に何か重要なことが出てくるという意識を聞く側に与える。そして、重要性が伝わる形で、その事柄について話すようにする。この点については、次のようなことが役立つ。

1——聞く側の人たちとアイコンタクトを取る

スクリーンやメモなどを見ながら話す場合には、重要な部分に入る前に、聞いている人たちと向き合うようにする。こちらが相手を見れば、相手もこちらを見る。つまり、相手の注意を完全に引きつけた状態だ。

2——背筋を伸ばして立つ

何らかの理由で背筋を伸ばして立っていない場合には、重要な部分に入る前に姿勢を正すようにする。「秘訣46」で説明するが、自信と確信に満ちた姿勢を取る。

> **ポイント**
> 重要な部分に入る前に、真剣さが伝わるように居住まいを正すようにする。

3——緊張感を高める

次のような形で、重要なポイントに触れる前に緊張感を高めて注意を引きつける。

「こちらは去年、市場シェアを落としました」

「そして競争は今年、かつてなく厳しくなっています」

「したがって、生き残るためには常に……」

「顧客を第一にしなければなりません」

4——意図的にゆっくり話す

ペースを落とすことによって、インパクトを高める。

5——キーワードを強調する

一つの言葉をさらにゆっくりと言うことで、その重要性を示す。

●キーワードを特にゆっくりと言う。

●キーワードに特段の重い響きをもたせたい場合には、声を低くして言う。

次の1文で「常に」という言葉を強調した場合、どのような印象を与えるか、頭の中で思い浮かべてみる。

●「この事業で生き残るためには、常に顧客を第一にしなければなりません」

特定の言葉を際立たせるのは、その言葉とそれ以外の部分の言い方の違いだ。

6——重要なメッセージを言うときには、その前後に間を取るようにする

こうすることで、そのメッセージの重要性が際立つ。同様にキーワードについても、前後に間を取ることでインパクトを高められる。次のメッセージをゆっくりと声に出して言い、響き方を確かめてみてほしい。

●「成功を収めるためには、常に（ここで間を取る）顧客を第一にしなければなりません（ここでも間を取る）」

要点を述べた後に間を置くことによって、メッセージが相手の心に残りやすくなる。

7――聞く側が頭の中でメッセージを繰り返すようにする

重要なメッセージを何度となく繰り返しながら話を進めていくと、次にまた出てくる前に、聞く側はそれを予期するようになる。そうした場合、そのメッセージを言う前に間を取り、聞く側の人たちが頭の中でそのメッセージを思い浮かべている様子に目を凝らすようにする。実際に声を出して、そのメッセージをあなたに返してくることも起こりうる。「コール・アンド・レスポンス」と呼ばれる状態だ。

重要なメッセージを言うときには、必ず聞く側の注意を引きつけるようにする。

あなたの課題

1 テレビのニュース番組で、アナウンサーやキャスターが重要な言葉や語句をどのように強調しているか、確かめてみる。

2 ふだんの会話で、重要なポイントを声の調子を変えることで強調する練習をする。
3 次にするプレゼンの原稿を見て、特に強調する必要のある言葉や語句を洗い出し、それを本番でどのように言うか、練習しておく。

さらなる学びのために

"Bring your full voice to life". TEDxGustavus Adolphus Collegeでのバーバラ・マカフィー(Barbara McAfee) 19分間の動画。

秘訣41 早口になりすぎないように(ゆっくりになりすぎることにも注意)

話すスピードは、どのくらいがいいのか。問題になるのは速さそのものではなく、ずっと同じペースで話し続けて単調になってしまうことだ。ペースに変化をつけよう。

この点が重要である理由

話すスピードが重要である理由として、次のような点が挙げられる。

1——話すスピードが遅すぎると——

- 聞く側をいらだたせてしまい、「早く話を進めろ」と思われることになりかねない。
- 研究結果から、知性が低い印象を与えることにつながると示されている。
- 退屈感を与えてしまう。

2——話すスピードが速すぎると——

- 緊張していると思われかねない。
- 急いでいるように受け取られかねない。
- 聞く側が落ち着いて話を聞けなくなる。

するべきこと

学術研究では、話すスピードは次のように分類されることが多い（英語の場合）。

- **ゆっくり**　1分間に110語以下

●**会話的**　1分間に120〜150語
●**速い**　1分間に160語以上（最大で180語前後）

ニュースを読むアナウンサーは1分間に150語程度で、オーディオブックも平均的に同等の速さになっている。このペースだと、聞く側は内容を無理なく理解できる。

しかし、スピードがすべてではない。スピーチのコーチで、スピーチに関するウェブサイト「Six Minutes（シックス・ミニッツ）」も立ち上げたアンドリュー・ドゥルーガンが、TEDで人気を博した9つの講演について分析したところ、話すスピードは平均毎分163語だった。最も遅い人は133語、最も速い人は188語だった。

学術誌「Journal of Personality and Social Psychology（人格・社会心理学報）」に発表された研究結果によると、一般的に早口で話す人は信頼できるという印象を与える。さらに「早口で話す人は知識水準が高く、信用できると見なされていた」という。

しかし、だからといって話すスピードを大幅に上げようとするのではなく、これはゆっくり話しすぎることに対する戒めとして受け止めるべきだ。

話し手が考え込んで黙ってしまうことほど信頼性を傷つけるものはないだろう——「えー」と言いながら間を埋めることを別にすれば。

サイモン・レイボールド（『Presentation Genius（プレゼンテーションの天才）』の著者）

ジョン・F・ケネディ元米大統領は早口だった。しかし、大統領就任演説は毎分97語ほどにペースを落とした。マーティン・ルーサー・キングJr.牧師の歴史的な演説「私には夢がある」も、毎分98語ほどだった。学識経験者を対象とした調査で、この演説は20世紀で最も優れた演説に選ばれている。

名高い演説家のなかで最もゆっくり話す人たちも部分的に速く話し、最も速く話す人たちも部分的にゆっくり話す。そして、その誰もが間を取っている。

聞き手を話に引き込むには、次のような点がカギになる。

1――たいていの場合、自分で思っている以上にゆっくり話す必要がある

私自身の経験上、ほとんどの人が自分で思う以上にゆっくり話す必要がある。もともと「早口」な人は、特にこれが当てはまりやすい。もっとゆっくり話す必要があるかどうかを見極めるために、「あなたの課題」で取り上げるエクササイズをしてみてほしい。

ポイント
確信がもてなければ、ペースを落とすようにする。

2――会話と同じ速さを目指す

ＴＥＤカンファレンスの代表を務めるクリス・アンダーソンは、私たちは何十万人もの人たちを奮い立たせる演説をするのではないという点を強調している。これはつまり、ほとんどの場合、キング牧師のようにゆっくり話すのは適切ではないということだ。

ふだん会話をする自然なペースで話すようにするべきだ。

クリス・アンダーソン（ＴＥＤカンファレンス代表）

3――ペースを変える

「低速」「中速」「高速」のスピードを使い分けることで、聞く側の関心を引きつけることができる。重要なポイントを示したり、込み入った説明をしたりする際にはペースを落とす。それからまたスピードを上げて聞く側の興味をかき立てたり、緊迫感を生み出したり、あるいはユーモラスなエピソードを話したりして、話を進めていく。

4――間を取る

間を取ることによって、話の内容が区切られて理解しやすくなる。間を取ることでドラマ性を生み出したり、今話した内容について、聞いている人たちに考えてもらったりすることができる。間を取ることは、重要なポイントを相手の頭の中に届かせるのに役立つ。この点については「秘訣40」で詳しく説明した。

5——ペースを大きく変えすぎない——微調整にとどめる

ペースに変化をつけすぎると不自然な印象を与えてしまう。小幅にペースを上げたり落としたりするようにしよう。

6——ペースを落として「響き」を強める

ペースを落とすことで、重要なメッセージを強いインパクトで伝えられる。ゆっくり話すことで、声の響きが深まる。早口だと、その響きがなくなってしまう。ゆっくり話せば、それぞれの言葉に込められる意味が大きく深まる。

7——早口になっているのに気づいたら、深く息を吸う

息継ぎをする間もないほど早口の人もいる。そんな状態では、聞く側も急き立てられているような気分になってしまう。早口を直す簡単な方法は、深く息を吸い込むことだ。

あなたの課題

1 自分の話を録音し、どのくらいの速さで話しているか確かめてみる。

2 次回プレゼンなどをする際に、話す速さについてフィードバックをもらう。
3 修正する必要があるかどうか、判断する。

さらなる学びのために

次のような動画で、ゆっくりした話し方と早口の話し方を見比べられる。

●**ゆっくり** "We choose to go to the moon speech"ジョン・F・ケネディ元米大統領の1963年の演説（YouTubeの2分間の動画）。毎分99語前後のゆっくりした話し方の一例。

●**速い** "Inspiring a life of immersion". TEDWamen 2013でのジャクリーン・ノボグラッツ（Jacqueline Novogratz）の17分間の動画。毎分188語の早口の話し方の一例。

秘訣42 フレーミングとリフレーミング

物事に良いも悪いもない。考え方次第で良くも悪くもなる。

シェークスピア『ハムレット』から

「フレーミング（framing）」とは、ある物事を相手が特定の視点から見るように示すことだ。顧客の苦情は学びと改善の機会をもたらすので「有用」なものとしてフレーミングできる。

「リフレーミング（reframing）」は、自分や他者の視点を変えることだ。たとえば、「就職が決まらなかった。がっかりだ」と言った友人に、「単に向いていなかったというだけのことだよ」と話すように。このような形で、すでに起きた出来事について受け止め方が変わり、前向きな姿勢に変わることになるかもしれない。このようなフレーミングとリフレーミングを用いることで、話をする相手の人たちの物の見方に影響力を及ぼすことができる。

この点が重要である理由

フレーミングとリフレーミングは次のようなことに生かせる。

- 期待を抱かせること。
- 特定の角度から自分の考え方を捉えさせること。
- 好奇心や柔軟な思考、懸念など、相手を特定の方向に動かすこと。
- 自分の考え方に対する抵抗感を弱めること。
- ネガティブからポジティブに捉え方を変えさせること。

するべきこと

一つずつ順に見ていこう。

1——フレーミング

フレーミングは話の冒頭と中盤で活用できる。その例と効果をいくつか示そう。

●「今日は全体的なことについて、お話しします」

細かい話には立ち入らないということを相手の人たちにわからせる。

●「私もすべてにお答えできるわけではありません」

質問されて答えを示せないこともありうるという伏線。

●「これから示す方法のうち、どれが一番役に立つかは、それぞれの方が実際の仕事を通じて見極めるということになります」

こうするべきだという答えではなく、選択肢を示すのだというフレーミング。

ポイント

話の導入部にフレーミングを組み入れるようにする。

反論を最小限に抑えるためのフレーミングの活用については「秘訣43」で説明する。

自分で設定するフレームがプレゼン成功への道を整える。

2――リフレーミング

次のような場合に、リフレーミングで相手の人たちの視点を変えさせる。

●聞く側の一人から、自分が求める結果に資さない発言、あるいは聞く側のニーズを満たすことにつながらない発言が出てきたとき。

●聞く側の人たちが、問題に対して打つ手がないかのように感じている場合。

●聞く側から否定的な意味合いの質問が出ても、それに前向きな姿勢で対応したいとき。

聞く側から出てきた発言とリフレーミングについて、いくつか例を挙げよう。

発言「この問題を解決するのは相当難しい」

リフレーミング「成功した場合、どうなるでしょうか」

これは「問題」という枠組みから「結果」という枠組みへのリフレーミングだ。

発言「これについては手の打ちようがありません」

リフレーミング「誰か他の人に力を借りられないでしょうか」

これによって「不可能性」から「可能性」に視点が移る。

発言「この点について答えはありません」

リフレーミング「魔法の杖があるとしたら、何が役立つでしょうか」

これによって想像力へと視点が移る。

発言「行き詰まってしまった状態です」

リフレーミング「何が前進の第一歩になるでしょうか」

無力感から、少なくとも一歩を踏み出せる状態へと変わる。

発言「これは3週間では無理です」

リフレーミング「できた場合を想像してみましょう。何が成否を分けたでしょうか」

「仮定」のフレームに移ることで、それを前提にして思考を進められるようになる。

あなたの課題

1 ふだんの会話でリフレーミングを練習する。誰かが自分の身に起こったことにネガティブな意味付けをしたら、それをポジティブに変えられるような質問をしてみる。

2 会議や他の人たちの会話を聞きながら、リフレーミングに耳を傾ける。
3 次にするプレゼンなどで、自分の思いどおりに内容を受け止めてもらうためのフレーミングにつながる言葉をノートに書き出す。

さらなる学びのために

ジョセフ・オコナー著『NLP実践マニュアル』(チーム医療、2007年)。第15章「フレーミング——枠をつける」に様々な形のフレーミングが取り上げられている。

秘訣43 反論を最小限に抑える

どれほど念入りにプレゼンの内容を練り上げても、反論が当然出てくる。相手の考え方に難癖をつけるのが極めて得意な人たちもいる。そうした反論に対処できるようにする必要があるが、それよりもはるかにいいのは、あらかじめ反論が出にくいようにしておくことだ。

この点が重要である理由

少し考えておくだけで、かなりの反論を抑えることができる。

この点が重要である理由として――

- 反論について考えておかないと、無用な問題を招く結果になる。
- 反論がいくつも出てくると、考えが浅かったという印象を与えかねない。
- 当該のテーマについて精通していないと思われかねない。
- 事前に準備していないと、手強い反論への対処がいっそう難しくなるおそれがある。
- 答えにまごつくと、信頼性が下がりかねない。
- 問題点を見越していたことがわかれば、信頼性が高まる。

聞く側の反論を見通せていないと、つらい時間になってしまいかねない。

ポイント

予防は対処に勝る――先回りして反論を抑えるための行動を取る。

するべきこと

1――出てくる可能性があると考えられる反論をすべて書き出す

●自分が聞く側の一人になったつもりで考えてみる。話の内容をたどりながら、疑問や異論をぶつけられそうな部分を特定する。

●出てくる可能性がある最も扱いにくい質問について、同僚に考えてもらう。

2――自分の話の中で、反論にどのような形で触れるかを考えておく

●出てきそうな反論のそれぞれについて、話のどの部分で取り上げるかを考える。

●聞く側を納得させるために必要なものを見極める。

●反論に対処するうえで、話したり示したりする必要のある事柄をノートに書き出す。

3――必ずしも完璧であるわけではないという予防線を張る

反論を最小限に抑えること、あるいは少なくとも前向きな異論を促すことに役立つフレーミングについて、いくつか具体例を挙げる。フレーミングについては「秘訣42」で詳しく説明した。たとえば、次のように言うことができる。

●「一つのアイデアとして考えていただけたらと思います。まだ完全には固まっていないのですが、ご意見をお聞かせいただきたいと思います」

●「ジムと私が最初に考えついた解決策について、ご説明します。これでいけると思っているわけではないので、お知恵を貸していただければと思います」

●「プロジェクトの最新の計画について、ご説明します。考え抜いたつもりですが、まだいくつか問題点があります。お気づきの点がありましたら、どのようなことでもご指摘ください」

4――反論が出てきそうな部分にフレーミングを施す――その話に入る直前に

たとえば、次のような形で反論が出てくるのを抑えられる。

●自分の提案が普通と逆の考え方だと受け止められそうな場合

フレーミングの仕方　「これからお話しする提案は、直観的な感覚とは逆方向に思えるかもしれませんが、まずは説明を聞いていただけたらと思います」

ポジティブな効果　聞く側がはじめから拒絶しようとしなくなる。

●これから話そうとすることに、疑いの目を向けられそうな場合

フレーミングの仕方　「これからお話しするアイデアですが、私も最初に聞いたときには、えっと思いました」。このように「最初に聞いたときには」と言うことで、問題があるように思えるのは最初だけだということが暗に伝わる。

●これから挙げるデータについて、何かの間違いではないかと思われそうな場合

フレーミングの仕方　「驚くような数字があります。私も最初に聞いたときには『あり

得ない』と思いました」

ポジティブな効果　話す本人が最初は疑ったと言いながら挙げているのだから、「それはおかしい」と言い出す人はほとんどいなくなる。

あなたの課題

1 次にするプレゼンなどの原稿を見て、反論が出てきそうな部分を一つ選び出す。

2 その反論が出てこないようにするために言っておけること、あるいは少なくとも建設的な反論を促すために言っておけることをノートに書く。

3 ふだんの会話や会議で、同意されそうにないことを言おうとする前に、まず話を聞いてもらえるようにフレーミングをするよう心がける。

さらなる学びのために

"*Personal Impact: What it Takes to Make a Difference*"（2009）by Amanda Vickers, Steve Bavister and Jackie Smith. 第6章「Influence with Impact（インパクトのある影響力）」で、反論を最小限に抑えるのに役立つ説得の仕方を学べる。

秘訣44

変革について説明する際には、慎重に言葉を選ぶ

変革にはストレスが伴うことが多く、したがって変革についての説明は聞く側の気分を暗くさせることになりやすい。相手を味方につけるには、言葉の選び方が重要なカギとなる。研究結果から、言葉遣いに少し注意を払うだけで大きな違いが生まれることが示されている。

この点が重要である理由

言葉と行動の関係を分析する「ＬＡＢプロファイル」の考案者であるロジャー・ベイリーの研究結果から、変革について話し、相手にそれを受け入れさせることについて、重要な考察が示されている。ベイリーの研究結果は、シェリー・ローズ・シャーベイの著書『「影響言語」で人を動かす』で取り上げられている。変革に関わる重要なポイントは次のようにまとめられる。

- 頻繁な変革が好ましいと思っている人は約20％にすぎない。このタイプの人は、たとえば何か新しいことをするチャンスなど、ほぼ毎年一度のペースで仕事に大きな変化があったほうがいいと思っている。
- 約65％の人は、おおむね同じ状態が続くのが好ましいと思っている。役割の拡大など、１年

か2年ごとに穏やかな変化が起こるのがいいという考え方だ。

●残りの15%は、ずっと同じ状態が続くことが望ましいという人と、同じ状態と変化が様々な形で入り交じるのがいいという人に分かれている。

したがって、変革について説明する際には、より大きな割合を占める人たちに訴求力をもつ言葉を使うようにする。

するべきこと

ゴルフとまったく同じ——原則として、確率の高いショットをすること。つまり、安全なショットをするということだ。ボールがラフに入り、木が邪魔になる位置に止まってしまった場合、木の脇を通ってからボールが曲がるように打つなどという危険は冒さないということだ。まずはボールをフェアウェーに出すようにするべきなのだ。

変革について説明する際にも同様に、65%の人たちを納得させるようにする。しかも、さらに20%の人はもっと大きな変革でも受け入れてもらえそうなことがわかっている。つまり、85%の人に訴えかけられることになる。

1——「違い」を強調する言葉や言い方は避ける

たとえば「変化」「変更」「新たな」などの言葉。あるいは「まったく別のやり方に変わることになります」「仕事のやり方が一変します」というような言い方。

2――変わらないことについて説明する

「今までと変わりはありません」「プロセスは基本的に同じです」「現行のやり方とかなり似通っています」「まったく同様です」などというように話す。

3――前向きな変化を表す言葉で、違いについて説明する

「向上していく」「改良していく」「グレードアップする」「より良く」「より速く」「成長していく」「拡充する」「進化していく」などといった言葉を使う。

> **ポイント**
> 事前に適切な言葉や言い方をリストアップしておく。

変革についてどのように説明すればいいか、シェリー・ローズ・シャーベイが一つの事例を挙げている。その昔、タイプライターがワードプロセッサーに取って代わられた。タイプライターを長年使い続けていてワープロに抵抗感をもっている人たらに、この変革について説明しなければならないという状況を想像してみてほしい。

この変革を「違い」や「新しさ」という観点から説明すると、本当に変化を好む20％の人たちにしか訴求力をもたなくなってしまう。次のような言い方をしたのでは、多数派の人たちを心配させることになる。

●「すべて新しくなります」
●「大きく変わります」
●「新しく覚えなければならないことがたくさんあります」
●「仕事のやり方が革命的に変わります」
●「もう今までのような仕事ではなくなります」

そうではなく、類似点や改良点を強調する言葉を使えば、穏やかな変化を好む65％の人たちに訴えかけることができる。そればかりか、大きな変化を好む20％の人たちも問題は感じない。小さな変化だからといって問題視されることにはならないからだ。タイプライターからワープロへの移行について、次のような言い方をすれば、多数を占める人たちの安心感が高まるだろう。

●「ワープロの画面も紙と同じようなものです」
●「キーもほとんど変わりません」
●「ワープロもタイプライターのようなものです」
●「打ち間違いの修正が簡単になります」
●「新しい文書の作成がスピーディーになります。また最初から作成する必要はなく、前の文書に上書きできるからです」

変革について説明する場合には、時間をかけて言葉を慎重に選び抜くようにする。

あなたの課題

1 特定のグループに対して説明しなければならない可能性がある変革について、考えてみる。

2 そのプレゼンにおいて、次の言葉をいくつか使う表現を考える。「向上する」「磨き上げる」「格上げする」「より良く」「より速く」「成長する」「高める」「発達する」。

3 それらの言葉をプレゼンの冒頭、中盤、最後のどこで使うかを決める。

さらなる学びのために

シェリー・ローズ・シャーベイ著『「影響言語」で人を動かす』（実務教育出版、2010年）

秘訣

45 「はい、リチャード。名前は覚えていますよ」

自分が予期していなかったときに、相手から名前で呼ばれたという経験はないだろうか。そんなときには、自分のことを大事に思っていてくれたのだと感じ入るものだ。ところが、人の名前を覚えるのは苦手だという人が多い。

この点が重要である理由

人の名前を覚えておくことには数々のメリットがある。たとえば――

- 個人的なつながりが生まれる。
- 自分のことを大事に思っていてくれたと相手が受け止める。
- ラポート（心の通い合い）が築かれる。
- 自分の信頼性が高まる。

するべきこと

なぜ、人の名前を覚えられないのか。実際には、そもそも本気で覚えようとしていなかったというケースが多い。人に紹介されてから何秒かのうちに、もう相手の名前を思い出せなくなったという経験はないだろうか。それはおそらく、受け取った情報をきちんと収納していなかったということだ。文書のファイリングと同じで、情報を取り出そうとするなら、最初に情報を正しくしまっておく必要がある。

1——「積極的」に名前を覚えようとする

「見る」「聞く」「言う」「する」ことで記憶に残りやすくなる。新しい人が参加するミーティングで、次のような「6つのステップ」の手順を踏んでみる。こうすることで、お互いの自己紹介のプロセスが型通りのものでなくなり、相手の名前を覚えやすくなる。

●**相手の目を見ながら「はじめまして、○○です。お名前は？」と話す**（「見る」と「聞く」）

●**握手をする**（「する」）

●**握手をする間も目線を外さない**——相手の顔を見ながら名前を聞くことで、記憶に残りやすくなる（「見る」）

●**相手が名前を言うのを聞く**　「メアリーです」

その間、相手の顔を見続けるようにする（「見る」と「聞く」）

●**相手の名前を繰り返す**　「よろしく、メアリー」（「言う」）

●他の人たちに相手を紹介することで、またすぐに名前を言う　「ゲイリー、メアリーはもう知ってる？」（繰り返して「言う」）

> **ポイント**
> 事前に、相手の名前を覚えると自分に言い聞かせる。

2――人の名前を記憶に刻む5つの方法

相手が名札を付けている場合には、それを見る

風変わりな点など、記憶に残りやすい要素はないか確かめる。

相手に名前の書き方を聞く

次のようなことが聞く理由になる。

●名札を付けていない場合。
●珍しい名前である場合。
●複数の書き方がある場合。

書き方を教えてもらったほうが覚えやすいので、と言っても差し支えない。

●「Cで始まるキャサリンですか、それともKのほうですか」

●「初めて聞いたお名前です。どう書くのですか」

連想に想像力を働かせる

名前そのもの、あるいはその人の外見などの特徴に着目する。

●同名の友人がいたら、2人が並んだ光景を思い浮かべる。

●同名の有名なゴルフ選手がいたら、ゴルフコースにいる2人を思い浮かべる。

●地名と同一名前であれば、その場所を思い浮かべる。

●有名人と似た名前であれば、その人を思い浮かべる。

相手の名前を紙に書く

●書くという行為が記憶を高める。

●少人数であれば、全員の名前を座席表に書く。

名前と顔が一致するように、相手の人たちの顔を見続ける

部屋を見回しながら、名前を覚えたかどうか確認する。

3――名前を忘れてしまった場合には?

●誰か知っているはずの人に聞く。

4――相手が大人数だったら？

個別に紹介されることはないはずなので、覚えなくても構わない。しかし、それでもできる範囲内で、自分のほうから相手の名前を言うようにする。

質問をした人の名前を言うようにする

質問をした人には名前を聞き、答えるときに名前を呼ぶようにする。

とにかくやってみよう――プレゼンですぐに20人、あるいはそれ以上の人の名前を簡単に覚えられるようになるはずだ。

あなたの課題

1 知らない人たちと会うパーティーなどで、前述した「6つのステップ」を実践してみる。
2 店で名札を付けたスタッフに接客されたら、相手を名前で呼んで話してみる。
3 レストランでウェイターやウェイトレスに名前を聞き、実際に使ってみる。

さらなる学びのために

"*How to Develop a Brilliant Memory Week by Week: 50 Proven Ways to Enhance Your Memory Skills*"（2014）by Dominic O'Brien. 「How to Remember Names and Faces（名前と顔の覚え方）」など、学べる点が豊富にある。

07 何をどのようにするべきか

秘訣46 インパクトを高める立ち方

人それぞれに楽な立ち方というものがある。片方の足に体重をかける人、まっすぐ立つ人、あるいは少し歩き回ろうとする人もいる。単なる個人的な好みで、何が問題なのかと思われるかもしれない。問題は、立ち方が話を聞く人たちに与える印象について考える必要があるという点だ。自分の快適さを優先させるべきではない。

この点が重要である理由

いくつか大きな理由がある。

●一挙一動がメッセージになる――立ち方も含まれる。

●相手に与える印象は瞬時に決まる――立ち方も、その大きな一部分になる。

●立ち方によって、メッセージの伝わり方の強さが変わりうる。
●立ち方によって、信頼性や権威の度合いが変わりうる。
●立ち方を変えると感じ方が変わり、振る舞い方にも変化が表れる。
●自信があるように立てば、実際に自信が高まる。

立ち方、動き方が相手に与える印象に大きく影響する。

するべきこと

1――できる限り、中央の位置に立つようにする

最も影響力が強くなる立ち位置は、ステージの中央だ。TEDの講演でも、たいていは舞台中央が立ち位置になっている。

そうするべき理由として――

●部屋の前方中央というのが、強さと影響力が最大に高まる場所である。
●脇に寄って立つと、メッセージのインパクトが十全でなくなってしまう。
●中央から話すことによって、重要性の高い内容として受け止められる。

2――ほとんどの時間、あるいは全時間を通じて、胸を張った姿勢を保つ

胸を張っていることで、次のような印象を与えられる。

●「信頼できる」
●「プロらしい」
●「できる人」
●「自信がある」
●「揺るがない」

具体的にはこうする。

足――どっしりとした土台
●腰と同じ幅に開いて立つ。
●つま先を少し外側に開ける。

脚
●まっすぐに伸ばす――一方に重心をかけない。
●膝を固めない――すぐに苦しさを感じるようになる。膝の力を少し抜いた状態で、まっすぐに立つようにする。

腰
●左右に重心を移して体を揺らすことは避ける。

●体が左右どちらかに傾かないように、腰を左右水平の状態にして真正面に向ける。

手

●手はほとんどの時間、ジェスチャーに使うようにする。

●手を使わないときには、体の両側に下ろしておく。最初は少し違和感があるかもしれないが、これがベストだ。

顔

●自信を示すように顔は上げておく。

顔をまっすぐ向けて真正面を見つめ、すべてをピシッとさせることで、自信が伝わる。

アマンダ・ビッカーズ、スティーブ・バビスター、ジャッキー・スミス（『Personal Impact（パーソナル・インパクト）』の共著者）

一般論として、質疑応答の時間も含めてプレゼンでは終始、この堂々とした姿勢を保つことをお勧めする。しかしながら、状況次第で次のようなリラックスした姿勢が効果を生むこともある。

3——時にリラックスした姿勢を取る。ただし、それにふさわしい状況に限ること

次のような印象を与えたいときに、くつろいだ姿勢を取るようにする。

●「近づきやすい」
●「形式張らない」
●「くつろいだ」
●「親しみやすい」
●「和やかな」

具体的にはこうする。

●片足に重心を置く。
●片膝を曲げ、もう一方の足はまっすぐ伸ばす。
●質問を聞くときに顔を傾ける。
●相手の話を聞くときに、片手をあごに当てる。
●両手は体の両側に伸ばしたままでもいい。

これが効果を発揮するのは――
●少しくだけた雰囲気で聞く側の人たちと対話をするとき。
●質問を聞くとき。ただし、質問を聞く間も堂々とした姿勢を保つことが最善となる場合も多い。威厳を保てるからだ。

ポイント

質問を聞いている間は、くつろいだ姿勢を取り、答えを言うときには堂々とした姿勢に戻るようにする。こうすることで答えの重みが増す。

4――特別な目的がある場合以外、歩き回らないようにする

歩きながら話すことで効果を生み出す人もいる。しかし、たいていの場合、特に理由もないのに歩きながら話されると、話が聞きにくくなり、信頼性が低下することになる。自分が「TEDトーク」のステージ中央で講演している場面を思い浮かべてほしい。

5――スクリーンがあって中央に立てない場合は?

スライドを示して話すときには、どちらか脇に寄るようにするが、それ以外のときには中央に立つようにする。

6――座るのは?

できる限り、立って話すことをお勧めする。威厳が増すからだ。しかし、あえて座るということもありうる。たとえば、相手が数人である場合には、座って話したほうが親

しみやすくなるだろう。また、ずっと座って話さなければならないという状況もありうる。その場合にはできる限り、部屋の中の全員と容易に目を合わせられる座り方にすることだ。そうすることで、部屋の中を見回さなければならない場合よりも威厳が高まる。部屋の前方に座る必要があるという理由を伝えておくこともできる。話を聞く人たちの一部に、座る場所を変えてもらうこともできるかもしれない。

話し方に関するスキルは、座って話す場合にもすんなり応用できる。たとえば、背筋を伸ばして座ることで威厳が高まる。説明にジェスチャーを使ったり、アイコンタクトを取ったりすることも同様だ。

あなたの課題

1 人と話をするときなどに、堂々とした姿勢で立つことを練習する。
2 それからリラックスした姿勢に変えてみる。
3 違いを体感する。

さらなる学びのために

"*Personal Impact: What it Takes to Make a Difference*"(2009) by Amanda Vickers, Steve

Bavister and Jackie Smith. 第7章「Body Talk（ボディ・トーク）」で、ボディランゲージの生かし方について詳しく学べる。

秘訣 47 目を合わせ、全員とつながりをもつ

話を聞く人たちと目を合わせるアイコンタクトは、とても大きな効果をもたらすが、人と目を合わせるのは苦手だという人も少なくない。むしろ、それを避ける人もいる。あるいは、どうすればいいのか、やり方がよくわからないという人もいる。しかし実際のところ、アイコンタクトを取らないと、大きな武器を無にしていることになる。ここでは、人数の違いを超えてアイコンタクトを活用する方法について説明する。

この点が重要である理由

●――ラポート（心の通い合い）を築ける

出席者が部屋に入ってくるときに挨拶や握手をしても、その後は直接的な接触がまったくな

くなってしまう。そこでつながりを保てる方法として、アイコンタクトがある。

●——即時のフィードバックが得られる

聞いている人たちの顔を見ることで、話をうまく進められているかどうか、フィードバックが得られる。顔の表情の変化から反応が読み取れる。

●——自分だけに話しかけているように受け止められる

適切なアイコンタクトによって、個人的につながっているという意識を与えられる。

●——聞く側の人たちの注意を引き続けられる

アイコンタクトを取ることによって、自分の意識を相手に向け続ける状態になる。意識が自分自身に向かって考えすぎてしまうと、不安に駆られることになりかねない。注意を相手に向けることで状況に沿った対応ができるようになり、パフォーマンスが向上する。

アイコンタクトを避けることは答えにならない。

するべきこと

1――避けるべきこと

●灯台の明かりのように端から端へと見回すこと。
●あちこちに視線を飛ばすように移すこと。
●誰か一人をじっと見つめること。

2――一人ひとりと目を合わせる

人数的に可能である限り、すべての人とアイコンタクトを取るようにする。

3――ランダムにアイコンタクトを取る

各列の左から右へといったように一定の順序でするのではなく、ランダムにアイコンタクトを取るようにする。このほうが自然に見える。

4――話の内容に関係する人と目を合わせるようにする

たとえば「デレクに聞けばわかると思いますが」と言うときに、本人と目を合わせるようにする。

5――アイコンタクトの長さは直感的に判断する

厳密な科学的正解があるわけではない。ふだんの会話と同じように、自分自身の感覚で一人の相手から別の人に視線を移すようにする。

6――人数が多すぎて、全員と目を合わせられない場合は?

『The Presentation Coach(ザ・プレゼンテーション・コーチ)』の著者、グレアム・デイビーズがこうアドバイスしている。

「アイコンタクトを取ろうとするべきではない。『アイコンタクトだと思わせるもの』を目指すべきだ」

話を聞いている人たちを「左」「中」「右」といったように、頭の中でグループ分けしよう。一つのグループの誰かの顔を見れば、そのグループ全体の人が目を向けられたように感じるだろう。このように、グループごとにランダムに視線を移しながら聞く側の全体をカバーする。ただし、最前列の人たちとは一人ずつ目を合わせる必要があるだろう。すぐ目の前にいるため、グループとは見なしにくいからだ。

ポイント
部屋の奥側にいる人たちともアイコンタクトを取って、つながりを保つようにする。

7――質問が出た場合には?

質問をした人にすべての注意を向け、相手の話を聞いて質問を大事に受け止めているということを示す。

8——質問に答えている間のアイコンタクトは?

答えがごく短い場合には、質問した相手の顔を見る。答えが長くなるようなら、それ以外の人たちにも目線を向けるようにする。質問が出た場合のアイコンタクトの取り方については、質問の扱い方に関する「秘訣58」で説明する。

グループの中でアイコンタクトを取る練習を重ねておけば、自然にできるようになる。

あなたの課題

1——意識を高める

他の人たちがどのようにアイコンタクトを使っているか、観察してみる。話すときにアイコンタクトを取っているだろうか。話を聞いている間、話している人とアイコンタクトを保っているだろうか。

2——日常的な練習

人と集まる機会があれば、アイコンタクトの練習をする。話すときと聞くときに、どれだけうまくアイコンタクトができているか、自分で確かめてみる。

3——他の人たちの様子を観察する

次に出席するプレゼンなどで、その話し手が聞く側の注意をそらさないために、どれだけうまくアイコンタクトを使っているか、観察してみる。

さらなる学びのために

"*The Presentation Coach: Bare Knuckle Brilliance For Every Presenter*"（2010）by Graham Davies. 第9章「Control Yourself（自己コントロール）」で、アイコンタクトなど話すことに関係する数々の側面が取り上げられている。

秘訣48

話を伝えるためにジェスチャーを使う

話している間、両手はどうしておけばいいのか。自然な形で手を使うことによって、聞く側は話を理解しやすくなる。ジェスチャーはメッセージをより明確に伝えるのに役立つことも、研究で実証されている。

この点が重要である理由

ジェスチャーを使うべき理由として――

- 「表現するジェスチャー」によって「絵」が描き出され、聞く側は話の内容が文字どおり「見える」ようになる。
- ジェスチャーを使わない場合と比べて、聞く側は話を理解するのに頭を使う必要が少なくてすむ。
- ジェスチャーによって信念が高まり、話に気持ちがこもるようになる。
- コロンビア大学のロバート・クラウスの研究から、ジェスチャーは頭の中で考えをまとめたり、言葉を見つけたりすることに役立ち、話の流れがスムーズになることが示されている。

何かを説明しようとする場合に手を使わず、体の両側に下ろしたままにしておこうとしても、たいていの人は手を使いたくなる。

ジェスチャーをすることで、体が解き放たれるだけでなく、心も解き放たれる。

オリビア・ミッチェル（スピーキングコーチ）

するべきこと

1――自然な形で手を使う

ふだんの会話でしているのと同じように手を使うようにする。リハーサルをしてみれば、自分が効果的なジェスチャーを繰り返していることに気づくはずだ。

2――ジェスチャーで「絵」を描き出す

ジェスチャーで大きさや動き、形など様々なものを表現して「絵」を描き出せる。ポイントはストレートに表現すること。たとえば、曲がりくねった川について話す場合、手で曲がりくねった動きを示して視覚的に表現する。

3――抽象的な概念もジェスチャーで表現する

形のあるものをジェスチャーで視覚的に表現するのと同様に、抽象的な概念にもジェスチャーを使える。たとえば、手を上に持っていくジェスチャーで「上昇傾向」という概念を示すことができる。

4――ひじを体から少し離すようにする

ひじを体につけた状態でジェスチャーをしないこと。不自然に見える上に、ジェスチャーの幅が狭まってしまう。ひじを少し体から離し、隙間をつくるようにしたほうが見栄えがはるかに良くなる。

ポイント
最初からジェスチャーを使うようにすること。そうすることで「流れ」に乗れる。

5――ふさわしい大きさのジェスチャーに

家について話すときに小さなジェスチャーをすると、まるで人形の家のように見えてしまう。自分が説明しようとしているものに、ジェスチャーの大きさを合わせることが大事だ。大きな山には大きなジェスチャー、小さな虫には小さなジェスチャーというように。

6――「キャンバス」全体を使う

ジェスチャーを控え目に行うのは、画家が大きなキャンバスの真ん中にしか絵を描かないようなものだ。両腕を広げて、キャンバスを目一杯に使うようにしよう。それがジェスチャーの幅だ。大きすぎるように思えるかもしれないが、話を聞く側から見れば、それが適正な大きさだ。

7――はっきりと意図的に

速すぎるジェスチャーは禁物だ。一瞬だけ映るテレビ映像のようなもので、聞く側は追いつけない。ただし、本当に動きの速いものや不規則な動きをするものを表現する場合は別だ。

8――効果を最大限にするために、ジェスチャーをしたまま止まる

壁のように動かないものを示す場合には、ジェスチャーをしたまま動きを止める必要もある。パントマイムのアーティストが箱の中に入った状態を表現するのを見たことはないだろうか。想像上の箱の両側を手で押そうとしている仕草を見せる。これがジェスチャーを静止することの好例だ。

9――ジェスチャーは「カウンターの上」で

店の販売員がカウンターの奥に立っている場合、その手が見えるのはカウンターの上に出したときだけだ。それと同じように、ジェスチャーは必ず「カウンターの上」である。ただし、特定の理由で、手を下げてジェスチャーする場合は別だ。

10——片手でジェスチャーをする場合、もう一方の手は下ろしておく

ジェスチャーをしている手に視線を集中してもらいたいので、もう一方の手は下ろしておく。

あなたの課題

1 人との会話でジェスチャーの練習をする。
2 誰かに何か説明するように言われたとき、ジェスチャーの練習をする。
3 人が集まった場で、ジェスチャーがどう使われているか観察する。
4 講演者やテレビのパーソナリティーなどがジェスチャーをどう使っているか、観察する。

さらなる学びのために

"The Definitive Book of Body Language: How to Read Other's Attitude by Their Gesture"（2017）

by Allan and Barbara Pease. 第11章「The 13 most common gestures you'll see daily（日常的に最も多く見られる13のジェスチャー）」が参考になる。

秘訣

49 ジェスチャーで時系列を表現する

横軸を時間にして表すグラフでは、時の経過は左から右へという形で示される。それと同様に、聞く側から見て左側を過去、右側を将来とする形でジェスチャーをする必要がある。これは重要なポイントだ。聞く側が直観的に把握できるようになるからだ。

この点が重要である理由

時系列を示す正しいジェスチャーには、次のような効果がある。

- 時系列を視覚的に表せる。
- 聞く側に正しい印象、正しい感覚を与える。
- 時間が関係する概念をわかりやすくする。

●ある時点の事柄について、話の中で何度も同じジェスチャーで示せるようになる。これは「アンカリング（投錨）」と呼ばれる。文字どおり、その事柄を同じジェスチャーで特定の空間位置に「固定」することになるからだ。そのジェスチャーを繰り返すだけで、その事柄が聞く側の頭の中に浮かび上がることになる。

聞く側は無意識のうちにジェスチャーに反応するようになる。これは、細部もおろそかにできないという一つの好例だ。正せることは正すようにするべきだ。

するべきこと

演壇上に時間のラインがあると思ってほしい。聞く側から見るとこうなる。

未来　　現在　　過去

つまり、直観的に理解できる時系列で、過去は左側に位置する。話の要点を強調するためのジェスチャーも、この時系列に重ねることができる。手を動かす位置で過去、現在、未来を示せるのだ。注意するべき点として、自分から見た右左でジェスチャーをするというミスを犯しやすい。聞く側から見て正しくなるように、その逆にする必要がある。

つまり演壇に立ったときには――

聞く側から見て左側が「過去」になる。そして真ん中は「現在」。聞く側から見て右側が「未来」になる。

ポイント

練習すること――ふだんの感覚と逆のことをするのだから、練習が欠かせない。

時間に関係する様々な事柄について説明する際に、このテクニックを使うようにする。

時間に関係する事柄の例

プロジェクトの進行

開始　　現段階　　次の段階

ビジョンについての説明

以前の状態　　現状　　将来のビジョン

プロジェクトの経緯についての説明

2月から……してきた　　そして現在は……　　それをふまえて今後は……

連続した事柄の区切り

時系列を数量に変えて、その連続性をジェスチャーで示すこともできる。

0　　50　　100

対比をなす事柄

相反する考え方について説明するときに、時系列のジェスチャーを使うこともできる。

片方の手を横に伸ばしてから、反対側の手を横に伸ばすことで、2つの考え方や概念を区別することができる。

ギャビン・ミークル（『The Presenter's Edge（プ

レゼンターの武器）』の著者）

通常、次のような形で考え方や概念を対比することが役立つ。

将来	ポジティブ	良い	解決	正しい	プラス面
過去	ネガティブ	悪い	問題	間違っている	マイナス面

このような形でジェスチャーを使うようにすれば、そのうち自然に出てくるようになる。

あなたの課題

次のようにしてスキルを高める。

● 人と向かい合って話をするときに、時系列のジェスチャーを練習してみる。相手から見て正しい方向になるよう心がける。

さらなる学びのために

“*The Presenter's Edge: How to Unlock Your Inner Speaker*”（2016）by Gavin Meikle. 第7章「The Visual Channel（視覚的経路）」に、様々な種類のジェスチャーやボディランゲージに関する

指針がまとめられている。

秘訣50 ジェスチャーで要点を強調し、相手とつながりをもつ

ジェスチャーで空気を一変させることができる。つまり、正しいジェスチャーによって、自分が伝えたいメッセージにふさわしい雰囲気をつくり出せるということだ。さらに、ジェスチャーは相手の人たちと強くつながることにも生かせる。

この点が重要である理由

ジェスチャーは次のようなことを可能にする。

● 相手の人たちとつながり、関係を結ぶ。
● 気持ちを伝える。
● 軽いムードから真剣なムードへ（あるいは逆方向に）雰囲気を変える。

●重要なメッセージを強調する。
●抵抗感を和らげ、ラポート（心の通い合い）を強める。
●やり取りの中で、プロらしさを示すこと。
●自分自身の状態を変えること。

するべきこと

1――話を聞いている人たちの一人、あるいは一部分とつながりをもつ

特定の人または一部分の人たちに向けてジェスチャーを示し、何秒間かそのままの状態で話し続けるようにする。この方法は、質疑応答の時間や発言を促すときなどに効果を発揮する。自分が特定の人または一部分の人たちに向けて発言したいときにも、この方法が役立つ。

2――相手全員とつながりをもつ

両手を広げて、相手と向き合う。このジェスチャーを取ることで、「自分」と「彼ら」ではなく「私たち」という意識が生まれる。したがって、相手の人たちとのつながりを強調したいときに役立つ。「ようこそ」や「ありがとう」と言うときにも使える。

両手を広げて迎え入れるジェスチャーで、ラポートを高める。

3――両手を押し下げるジェスチャーで、信頼性を高める

要点を強調する際には、両方の手のひらを下に向けて押し下げるようなジェスチャーをする。真剣なムードを高めたいときや、重大さを強調するときに役立つ。何かをすることが必須であるということや、疑いようのない事実であるということを伝えたいときに効果的だ。

●「私たち全員で取り組むことが本当に重要です」
●「これには2週間かかります。それ以下ではできません」
●「次のようにしなければなりません」

両手を押し下げるジェスチャーと真剣な口調によって、異論をぶつけられにくくなる。ただし、使いすぎは禁物だ。真剣なメッセージを伝えたいときだけに限ろう。

4――両手を持ち上げるジェスチャーで、親しみやすさを高める

ふだんの会話でも何かを説明するときに、両方の手のひらを上に向けて持ち上げるような仕草を無意識のうちにしているはずだ。身振りによって声も変わるので、手のひらを下に向けているときよりも明るいトーンになるはずだ。次の文を明るいトーンの声で音読してみてほしい、両方の手のひらを上に向けると、うまくいくことがわかるはずだ。

●「必要なのはこれだけです」
●「試しにやって、自分で確かめてみてください」
●「どうでしょうか。探ってみる価値はあるはずです」

ポイント
自分自身のムードを変えるために、体の生理的状態を変えるようにする。今ここで試してほしい。手のひらを上に向ける／手のひらを下に向ける――違いを実感してみよう。

5――相手に両手が見える状態にする

両手を体の後ろに回したり、ポケットに入れたりしないように。手を後ろに回していると、緊張しているとか、何かを隠そうとしているなどといった印象を与えてしまう。ポケットに手を入れるのは、くだけすぎていると受け止められるかもしれない。

6――手を使わないときには、体の両側に下ろしておく

ジェスチャーをしていないときに体の前で両手を組んでいるのは、一般的に見栄えがしない。手を組んで指を動かすのも緊張しているという印象を与える。「秘訣46」で説明したように、手は体の両側に下ろしておいたほうがプロフェッショナルな印象を与える。

7——注意するべき点

●人や物を絶対に指差さないようにすること。人差し指を伸ばして、拳銃を持ったような手の形にするだけでも、ネガティブなエネルギーが伝わってしまう。

●人差し指を立てて振るのは、さらに悪い。人や物に対してジェスチャーをするときには、必ず手を開いた状態ですること。

あなたの課題

1 人と交わる場で、相手とつながりをもつためのジェスチャーを練習する。

2 人との会話で重要なことを伝えるときに「両手を押し下げる」ジェスチャーで強調する。

3 その後は両手を上向きに戻して話を続ける。

さらなる学びのために

"*The Leader's Guide to Presenting: How to Use Soft Skills to Get Hard Results*" (2017) by Tom Bird and Jeremy Cassell. 第13章「Developing your credibility as a presenter(プレゼンターとしての信頼性を高める)」で、ボディランゲージに関する研究結果が取り上げられている。

秘訣 51

威厳を保ちつつ、ガードを下げるときを見極める

状況に応じて威厳と親しみやすさを使い分けることで説得力が高まり、所期の結果が得られやすくなる。

この点が重要である理由

威厳があって信頼できるという雰囲気をもつ人がいる一方で、とても親しみやすく感じのいい人もいる。非言語コミュニケーションの専門家で著書もあるマイケル・グラインダーは、この2つのタイプの違いを「信頼できる猫」と「親しみやすい犬」という言葉で説明している。「犬」に対しては、こちらも親しみやすくして接すればアピールできる。

しかし、「猫」はもっと独立的だ。「信頼できる猫」タイプの人は、すぐに要点に話を進めてほしいと考える。その一方で、「親しみやすい犬」タイプの人は、フレンドリーなスタイルを好むだろう。この両方のスタイルを使い分ければ、次のようなことが可能になる。

- 自分のメッセージとスタイルを合致させること。
- 聞き手に合わせて自分のスタイルを調整すること。

●ラポート（心の通い合い）の構築を早めること。
●伝えようとする要点にふさわしいインパクトをもたせること。
●その場の状況に即応すること。
●話のリズムとトーンを素早く変えること。
●自分が求める結果につながりやすくすること。

するべきこと

信頼性と親しみやすさという2つのスタイルを使い分けられるようにする。信頼性につながる要素は、胸を張った姿勢、体をあまり動かさないこと、真剣な声（文の最後に声が下がることが多い）、真剣な表情、両方の手のひらを下に向けたジェスチャー、すぐに要点に入るスタイルなどだ。

一方、親しみやすさにつながる要素は、体の動きを多くすること、滑らかで親しみやすく多彩な声のトーンや調子、両方の手のひらを上に向けてする大きなジェスチャー、笑顔、細かい部分にまで触れる説明などだ。

信頼性をベースにして、必要に応じて親しみやすさを加える。

しかし、親しみやすさを示すことの効果もかなり大きく、多くの講演の達人たちが実践している。

「信頼性のスタイル」を前面に出すのは、次のような場合だ。

1——話の冒頭

話を始める際には、自分が当該のテーマに精通し、信頼できる存在であることを示すために「信頼性のスタイル」を強調したほうが安全だ。

2——抵抗が予想されるとき

親しみやすさを出しすぎると、真剣に取り合うべき相手ではないと思われかねない。

3——「信頼性のスタイル」が好まれることがわかっているとき

私は軍人や航空会社の乗務員にプレゼンをした経験があるが、そのどちらにも圧倒的に「信頼性のスタイル」が好まれた。

4——事実や重要なメッセージ、研究結果、データについて説明するとき

説得力を高めるうえで、論を立てるのにふさわしいスタイルを取る必要がある。

5——重大なポイントを示すとき

たとえば、安全性に関するポイントを示す際には、話し方も表情も信頼性につながるものでなければならない。

「親しみやすいスタイル」を前面に出すのは、次のような場合だ。

1——相手がとても親しみやすい人たちであることがわかっているとき

私は航空会社の客室乗務員たちにプレゼンをしたことがある。とても外向的で社交的、話し好きな人たちで、親しみやすさを強調するスタイルが大きくものを言った。

2——経験やエピソードを話すとき

「親しみやすいスタイル」を取り、声の調子やボディランゲージを変えることで話の内容が生き生きとしてくる。

3——ウィットを利かせて「アドリブ」をするとき

ただし、「信頼性のスタイル」から離れて遊び心を出すときには、くだけすぎないように注意しよう。

4——場の雰囲気を明るくしたいとき

まず自分自身の状態を変えることが、聞く側の状態の変化につながる。

5——聞く側にアイデアを求めるとき

打ち解けた姿勢で好奇心を示すと、相手の考えを引き出しやすくなる。

ポイント

どちらにするべきか迷ったときには、信頼性を前面に出すようにする——状況を見極めて、いつでも親しみやすさを前面に出せるのだから。

あなたの課題

柔軟にスタイルを変える練習をする。

1 信頼性と親しみやすさ、自分本来の持ち味はどちらかという点について、自分の考えをノートに書き出す。

2 両方のスタイルの特徴について友人に説明した上で、自分はどちらのタイプだと思うか聞いてみる。

3 ふだんの会話で他の人たちのスタイルについて観察し、見習うべき点を採り入れてみるようにする。

さらなる学びのために

"Charisma: The Art of Relationships — Understanding the 'cats' and 'dogs' in our lives — an analogy"（2010）by Michael Grinder. マイケル・グラインダーの著書。

秘訣

52 次のスライドを早く見たいと思わせる

まずスクリーン上でスライドを見せてから、その説明に入るというのが一般的なやり方だ。しかし、実際には大半の場合、まず先に一言、説明してからにしたほうがいい。

スライドを見せる前に「前振り」をする。

この点が重要である理由

先にスライドを見せると、聞く側の注意がそこに向いてしまうことになりやすい。目にしたものの意味をつかもうとする反応が起こるからだ。たとえそれが数秒間でも、頭が重要なメッセージから離れてしまうことになりかねない。次のような理由から原則として、スライドを見せる前に一言、説明しておくようにするべきだ。

- 聞く側が重要な部分に注意を向けることになる。
- スライドの脈絡がわかり、聞く側が理解しやすくなる。
- 聞く側は好奇心を刺激される。研究結果から、好奇心は学習の向上につながることが示されている。
- 聞く側に「見たい」という動機づけが働く。
- 前後のスライドとのつながりが生まれ、聞く側がついていきやすくなる。

するべきこと

1――スライドを見せる前に説明する

次に何が現れるか、聞く側に知らせておく。ほとんどの人は、まず全体の意味を知ってから、細かい部分に目を向けようとする。

説明の仕方としては、たとえば――

前のスライドとのつながりを強調する

●「これまでのシステムは以上のとおりでした。それでは、新しいシステムについて見ていきましょう」

●「全体的なプロジェクトの計画について説明しましたので、4段階のそれぞれについて順に見ていきましょう」

●「続いて実施の段階に進みます」

これから示す内容を知らせる

●「次のスライドは新しい用地の地図です」

●「それでは、昨年の売上高について見てみましょう」

●「次は顧客調査の結果です」

次のスライドを早く見たいと思わせる

●「次のスライドは驚くことになるかもしれません」

●「最大の違いを生み出すのは、この一手です」

●「次のデータは初めてお見せするものです」

2——聞く人たちにしてほしいことを伝える

スライドを見せる前に、聞く側の人たちにしてほしいことを伝える。選択肢はいくつかある。

よく見てもらう

最もシンプルなのは、次のように言うことだ。

- 「まず、よく見てください。それから議論に入ります」
- 「まず見てください。それから順に説明していきます」
- 「まず地図を見て、おおよその位置関係を頭に入れておいてください。それから移転先について説明します」

スライドの重要な部分に注意を向けさせる

たとえば、このように言う。

- 「青い部分を見てください。ここが新しいオフィスになります」
- 「グラフの中の赤い線に注目してください」
- 「川の流れる向きを見てください」

問いを投げかけて関心を引きつける

聞く側の人たちに、次のような形で考えさせる。

●「このグラフが何を意味するか、考えてみてください」

●「どのロゴがどの会社のものか、おわかりになるでしょうか」

●「欠けている部分の割合に見当がつくでしょうか」

ポイント

前振りのパターンに変化をつけて、関心を引き続ける。

3——スライドを見せる

完璧なタイミングを見計らって、スライドを見せるようにする。この時点まで、聞く側の視線はあなたに向けられている。それがスライドを見せた瞬間、全員の視線がスクリーンに移る。

次のスライドがどれだったか、忘れてしまった場合には？

解決策

●各ページの縮小版をプリントアウトして手元に置いておく。

●スライド作成ソフトのメモ欄に書いておく。

必ず見せる前に説明しなければならないのか

そうとは限らない。時と場合に応じて、スライドを見せてから話しても差し支えない。ただし一般的に、先に説明しておくのが得策となる。

フリップチャートと同じく3段階のステップに従うようにする。

この3ステップの練習を積むうちに、自然にできるようになる。

あなたの課題

1 自分の過去のプレゼンのなかから、1セットのスライドを選び出す。
2 そのそれぞれのスライドに「前振り」の言葉を1行で書く。

さらなる学びのために

“*Presentation Zen Design: A Simple Visual Approach to Presenting in Today's World*”(2013) by Garr Reynolds. 最高レベルのスライドの作り方について、詳しく説明されている。同じ著者の『プレゼンテーションｚｅｎ』(丸善出版、第2版、２０１４年)の続編。

秘訣53

スライドを見せた後も注意を引き続ける

スライドを見せたら、要点に目を向けてもらうために、聞く側の注意を引きつけ続ける必要がある。特定の例外を除いて、見てもらいたい部分にジェスチャーで導くことが必要になる。

この点が重要である理由

そうした導きがないと、聞く側の注意が拡散してしまうことになる。聞く側の注意を引きつけ続けることで、次のことが可能になる。

- 見てもらいたい部分を見てもらえるように、きっちりと導くこと。
- 伝えたいメッセージを受け止めてもらえる確率を最大限に高めること。
- 要点を相手の頭に刻み込むために、完全なアイコンタクトを取ること。
- 聞く側の注意を思いどおりにコントロールすること。

するべきこと

1――最善の位置に立つ

スクリーンを置く場所を自分で決められる場合には、真ん中よりも左側に置くのが基本となる。そして、自分は最も影響力が強くなる中央に立つ。

「TEDトーク」の講演者は通常、中央に立つ――最も影響力が強くなる位置だ。

しかし、スクリーンが中央に据えられていることも多い。その場合には、スライドを見せるときに左右のどちらかに少し寄るようにする。スライドを見せ終わったら、中央に戻って話を続ける。

ポイント
脇に寄りすぎると、みすみす自分の影響力を弱めてしまうことになる。

2――箇条書きのスライドの見せ方

「秘訣52」で説明したスライドを見せる際の「前振り」をした後、次のように進めていく。

第一に――

●自分もスクリーンに映し出されたスライドを見る。
●聞く側も、あなたの視線を追う形でスライドを見る。
●何秒か間を置き、聞く側に情報を読み取らせる。
●自分もスライドを見続ける。

聞く側は、あなたが見るところに視線を向ける。

第二に――

●箇条書きの最初の項目をジェスチャーで指し示す。
●スライドを見続けたままで「まず最初に……」と説明に入る。
●あなたが話している間、聞く側もスライドを見続けることになる。

第三に――

●聞く側の方に向き直り、さらに詳しく説明する。
●聞く側は、スライドからあなたに視線を移すことになる。
●そこで完全なアイコンタクトを取れる。

聞く人たちの目を見ながら話すことで、重要なメッセージを最大のインパクトで記憶に刻み込める。

ここまで一通り終わったら、箇条書きの次の項目についても同じようにする。「それでは次の点に移りましょう」というように。このような形で話を進めていくことで、自分が完全に場をコントロールしている状態を維持できる。箇条書きの項目を一つずつスクリーンに映し出していくという方法もある。すべての項目を一度に見てもらいたくはない、という場合に効果的だ。

3——グラフやチャートの見せ方

最初のグラフやチャートを見せる際には、箇条書きのスライドの場合と同じようにする。まず自分がスライドに目を向け、少し間を置いて聞く側の人たちに見てもらう。その次にどうするかは、自分の話の進め方によって変わる。

たとえば、グラフの一部分について説明したいという場合には、聞く側にもその部分に注意を向けてもらいたいので、次のようにする必要がある。

- その部分をジェスチャーで指し示す。
- スライドに目を向けたままの状態で説明に入る。

これで聞く側も当該の部分を見続けることになる。

- 要点のまとめに入りたいときや、別の部分についての話に移りたいときには、話を聞く人たちの方に向き直る。

●聞く側の人たちも同じように視線を移し、あなたを見るようになる。

4――スクリーンが自分の背後にある会場でプレゼンする場合

たとえば、講演者が中央に立ち、スクリーンがステージ後方の高い位置にある「TEDトーク」のようなセッティングの場合、次のことは禁物だ。

●スクリーンを見ること。

●スクリーンに向かってジェスチャーをすること。

このような設定で後ろを向くことは奇異な印象を与える。

正しいやり方は――

●後ろを振り返らずに前述の進め方で話を続ける。

●スライドを見てもらいたいときには、言葉ではっきりそう伝える。

●要点のまとめに入るときには、声のトーンでそれを示し、自分に視線を移してもらうようにする。

ポイント

スクリーンを暗転させたいときにはパワーポイントの「B」キーを押す。

スライドを見せるときに、このようなやり方を実践することで、すぐに自然にできるようになる。

あなたの課題

1 過去のプレゼンのなかから1セットのスライドを選ぶ。
2 それぞれのスライドについて、「秘訣52」で説明した「前振り」の3つのステップを練習してみる。それから、前述の指針に従ってスライドの内容を説明する。
3 できれば、誰かに見てもらってフィードバックを受ける。

さらなる学びのために

ナンシー・デュアルテ著『slide:ology［スライドロジー］―プレゼンテーション・ビジュアルの革新』（ビー・エヌ・エヌ新社、2014年）。従来の方法とは異なる「視覚的な思考」でスライドを作成するというアプローチについて学べる。

08 問いを投げかけ、質問に答え、締めくくる

秘訣54 問いを投げかける

プレゼンは一方通行のプロセスではない。話を聞いている人たちも一緒に巻き込むことによって、関与を得ることができる。それには、ただ語りかけるだけではなく、こちらから問いを投げかけることが役立つ。

この点が重要である理由

神経科学の研究から、私たちは一度に1つのことにしか意識上の注意を向けられない、ということが示されている。『ブレイン・ルール』の著者、ジョン・メディナは「研究結果から、私たちはマルチタスク（複数の作業を同時にすること）はできないことが示されている」と書いている。質問は、相手の意識を捉えて注意を引きつける。これはつまり、問いを投げかける

ことによって、聞く側の人たちの注意を自分が意図するところに向けられる、ということだ。
『Brain-Based Learning（脳ベースの学習）』の著者、エリック・ジェンセンは「問いはより良い学習を促す」と指摘している。「問いを投げかけることは、最初から答えを示すよりも深い思考を引き出す」という。深く考えた問いによって、相手の人たちの理解を深め、記憶に刻みつけることができる。

問いを投げかけることで、さらに次のようなことが可能になる。

●聞く側の人たちを受け身の姿勢から「能動モード」に変える。
●意味をつかもうとするという脳の性向を刺激する。
●相手に自分の頭で考えることを促す。
●独立的な学習を促す。
●「自分の頭で考えた答え」という意識を与える。
●「答えを一緒に考える」という姿勢を示す。
●相手が、問いの中で言及された行動を取ろうと考えやすくなる。
●単に訴えかける場合よりも説得力が高まる。

特定の人だけでなく全員を関わらせるようにする。

するべきこと

次のような性質の問いを投げかける。

1 学習を強化する

●「ここまで見てきたことのなかで、最も重要な側面はどれでしょうか」
●「ここから学べることを一言でまとめるとしたら、どうなるでしょうか」
●「ここまでの内容で、最も意外な部分はどこだったでしょうか？」

2 熟考を促す

●「この点について、どう思われるでしょうか」
●「この点について、十分ご理解いただけたでしょうか」
●「この点について、あらためて考えてみて、受け止め方はどう変わったでしょうか」

3 学んだことを生かす

●「今日、お話ししたことから学べる3大ポイントは何でしょうか」
●「今日学んだことは何に最も生かせるでしょうか」
●「今日学んだことを生かせる部分は？」

4——問題を解決する

●「この問題の原因は何でしょうか」

●「どうすれば、うまくいくでしょうか」

●「これを避けるための最も簡単な方法は？」

5——創造的な思考を促す

●「これを実現する方法があるとしたら、それはどのようなものでしょうか」

●「すでに実現できたと仮定して、それはどんな方法で実現したでしょうか」

●「魔法の杖があったとしたら、どのような形で使うでしょうか」

6——行動を見定める

●「最も大きな違いを生み出すのは、どんなことでしょうか」

●「何が最短の道になるでしょうか」

●「次のステップは？」

7——明るい先行きを想像する

●「これを行った場合、来年はどのようになるでしょうか」

●「顧客に対する効果は？」

●「全員がこれをしたとしたら、どんな変化が生まれるでしょうか」

ポイント
おとなしい人たちに発言を促す。

一連のタイプの問いを試してみて、効果的なものを見極める。

あなたの課題

次にするプレゼンの準備として――
1 前述した7つのカテゴリーから少なくとも3つを選び、そのそれぞれの問いをノートに書く。
2 実際に口頭で答えてもらうか、頭の中で考えてもらうかを決める。
3 プレゼンのどの部分で問いを投げかけるかを決める。

さらなる学びのために

"*The Art of Asking: Ask Better Questions, Get Better Answers*" (2008) by Terry J. Fadem.「Types of Questions（質問の種類）」のセクションに、25種類の問いが挙げられている。

秘訣
55 自分が望む時点まで質問が出ないようにする

質問が出てくるのは、相手の人たちが注意を向けて関心をもったということだ。しかし、質問が次々に出て話をさえぎられるようだと問題になりかねない。

この点が重要である理由

いつ質問が出てくるのかわからないという状況は、次のような問題をもたらす。

- 話をいつさえぎられるかわからないという思いから、緊張が生じる。
- 話をさえぎられて流れが途切れ、思考のつながりが分断される。
- 途中で話が止まってはまた始まるというプレゼンになってしまう。
- 突発的な質問が出てくると、時間の管理が難しくなる。
- 重要なメッセージのインパクトが薄れてしまいかねない。

するべきこと

質問をしてもらいたいタイミングを示す。

ポイント
人は指図されることを好まないものだが、十分な理由を示せば、たいていの人は従ってくれる。

選択肢は大きく3つある。

1――質問があれば、そのつどしてもらう

話を進めながら質問に答えていくというやり方がいい場合もある。相手が少人数だと特にそうなりやすい。このように言うことができる。

「途中で質問にお答えしていくほうが、話をうまく進められます。ご不明の点がありましたら、いつでもご質問ください。最後の部分でも、ご質問をお受けします」

2——質問は各セクションの最後にしてもらう

内容によっては、プレゼンの最後まで質問を待ってもらうのは不適切になるかもしれない。自分が質問を受けたいタイミングを伝えておく必要がある。このように言うことができる。

「プロジェクトの3段階について、1つずつ順にご説明していきます。特に緊急である場合を除いて、ご質問は各セクションの最後にしていただけたらと思います。質疑応答は一つにまとめたほうが時間を有効に使えると思います」

3——最後に質問を受ける時間があることを伝えておく

特に大人数での場合、質問は最後に受けるのが合理的になる。このように言えばいい。

「話の途中でお気づきの点がありましたら、メモしておいていただけたらと思います。最後にご質問を受ける時間を取ってあります」

人数が少なめだったら、もう少し柔軟に対応できるかもしれない。

「何か重大な点に気づかれましたら、すぐにお知らせください。それ以外でしたら、ご質問は最後にまとめてお受けしたいと思います」

これで選択の余地を与えることになるが、少なくともほとんどの人は最後まで質問を控えるようになる。

さらに考えられる点として――

質問や指摘を見通しておく

出てきそうな質問がおおよそわかっていれば、その点について先に言及しておき、後であらためて取り上げると話しておけばいい。こうすることでラポート（心の通い合い）が高まり、聞く側も待とうとするようになる。たとえば、このように言う。

「このシステムがどう機能するのか、ご説明しますが、それぞれ違う部署からご参加いただいていますので、まず一通り全体をご説明した後で、それぞれの関心点について取り上げることにしたいと思います」

スライドや進行表などに質疑応答の時間を記入しておく

議案書などがある場合には、質疑応答の時間も書き込んでおく。これで質問を待ってもらえるようになる。

あなたの課題

次にするプレゼンについて、以下の事柄をノートに書き出す。

1 どの時点で質問を受けたいか。

2 それをどのように出席者に知らせるか。

3 質問を待ってもらうときの言い方は?

さらなる学びのために

"*The Presentation Coach: Bare Knuckle Brilliance for Every Presente*"r（2010）by Graham Davies. 第10章「Count the Day（時間の配分）」に、質問をしてもらうタイミングなど、状況をコントロールする方法が紹介されている。

秘訣 56 質問の時間を「建設的」にする6つの方法

どんな質問が出てくるのか読めず、質問の時間に不安を感じることもあるかもしれない。しかし、質問の時間をポジティブに変えられる方法がある。相手の人たちに協力を促す――自分に協力してもらうこと、あるいは相手の人たちの間で協力してもらうことを促せばいい。

この点が重要である理由

そうした協力がないと、次のような問題が生じかねない。

- 「自分vs.彼ら」という構図になり、ラポート（心の通い合い）が薄れてしまう。
- ネガティブな空気の中でメッセージの力が弱まり、順調に進んでいたプレゼンが最後で失速することになりかねない。
- 攻撃的な質問に信頼性を脅かされかねない。
- 質問の攻勢にさらされ、防戦一方になりかねない。
- 守勢に立たされ、所期の結果を達成できなくなる。

これに対し、協力を促すことは大きなメリットを生む。聞く側の人たちを議論に引き入れると、あなたが提案している変革を受け入れてもらいやすくなる。議論まで含めた協働型の質疑応答に時間を割くことで、あなたが求める行動を取ってもらえる可能性が高まるのだ。

するべきこと

1――協力姿勢を生み出す会場のセッテイング

会場のセッティングが自由にできる場合には、協力が生まれやすくなるような座席の配置にする。椅子を横に並べる劇場型の配置ではなく、円卓に座ってもらうカフェスタイルにすると、協力姿勢が生まれやすくなる。自由にセッティングできない場合でも、椅子を動かしていくつかのグループにまとまってもらうなど、変更を加えることは可能だ。

2――質疑応答を協力の時間として捉えさせる

質疑応答の時間をポジティブな姿勢で始めるようにする。そうすれば、相手の人たちもその時間を「協力のレンズ」で見るようになり、実際に協力的な姿勢を取る。次のように始めればいい。

●「それぞれに専門知識をもつ方々がおそろいですので、ほとんどのご質問に答えられると思います」。こう言うことで、聞く側の人たちも質問への回答に協力するという枠組みができ上がる。

●「ここで、今後に見通される問題について議論できればと思います」。「議論」という言葉を使うことで、ただの質疑応答ではなく協力という枠組みが固まる。

●「どのようにしていけばいいか、アイデアをお聞かせいただければ幸いです」。このように話すことで、関係者の意見を大事に受け止めるという姿勢を示せる。

ポイント
質疑応答に入る前に、協力を求める姿勢を示す。

3——話を進めながら、議論のテーマとなる問題をフリップチャートに書き込む

質問が出た際に、議論を必要とする内容であればフリップチャートに書き込み、後でまた取り上げる旨を伝えておく。こうすることで、協力を求める姿勢を強く示せる。

ただ質問に答えるだけでなく「双方向」にすることがカギになる。

4——自分から助けを求める

たいていの人は応じてくれようとする。自分の力が必要とされていると感じるからだ。たとえば、「……と思うのですが、お考えを聞かせていただけると助かります」というように。

5——議論を高める場の設定

研究結果から、全員が議論に深く関われる人数は7人前後であることが示されている。しかし、大人数の場合でも、グループ分けして議論してもらうことができる。

- 2人1組で話し合う。たとえば、隣同士で2分間、話し合ってもらい、何組かの人に考えを発表してもらう。
- 少人数のグループに分かれて、1つの問題について話し合ってもらう。

6——知見を示してもらう

●出席者の全員に対して呼びかける。
●専門知識をもつ人に求める。
●専門知識をもたない人に求める。

協力を求めることで質疑応答を楽しくし、出席者全員にとって生産的な時間になるようにする。

あなたの課題

次にプレゼンをする前に、次のような準備をしておく。

1 質疑応答に入る前に協力を求めるために言う言葉を3通り、ノートに書いておく。
2 出席者に一緒に考えてもらいたいと思う問題を3つ書き出し、優先順位を見極める。
3 どのような形で議論してもらうか、考えておく。

さらなる学びのために

"*The Discussion Book: 50 Great Ways to Get People Talking*"（2016) by Stephen D. Brookfield and Stephen Preskill. プレゼンや会議、授業など様々な状況で生かせるアイデアがまとめられている。

秘訣57 質疑応答の後、すぐにプレゼンを終わらない

「他にご質問はないでしょうか。ありませんでしょうか。それでは、ありがとうございました」という形でプレゼンが終わることも珍しくない。一見、何の問題もないように思える。しかし、実際には、それ以上のことを言う必要がある。自分が求める行動を相手の人たちに取ってもらうための締めくくりの言葉だ。

この点が重要である理由

質疑応答で苦戦した場合、次のような状態になりかねない。

- 尻すぼみの状態で、自分の論点が弱くなってしまう。
- 苦戦した様子が相手の記憶に残ってしまう――最後に起きたことが記憶に残りやすい。

●最も重要なメッセージが埋没してしまう。
●出席者がネガティブな受け止め方で会議を終えることになり、自分が求める結果が遠のく。
質疑応答後の締めくくりによって、次のことが可能になる。
●質疑応答で苦戦した状況をポジティブに変えること。
●ムードを明るくすること。
●最も重要なメッセージを強く訴え、行動を求めること。
●今後の前向きなビジョンを示すこと。

するべきこと

1——質疑応答の後に少し時間を取っておく

1、2分でもいいので、締めくくりの時間を取っておく。最後の質問に答えた後、次のようなステップを踏む。
●最も重要なメッセージを総括する。
●行動を取るよう求める。
●その行動から生まれる「新しい状態」を示す。
この3つのステップについては「秘訣60」で説明する。

2――質疑応答で終わらなければならない状況でも、締めくくりの一言を

進行上の都合などで、質疑応答でプレゼンを終えなければならない状況であったとしても、ごく手短でいいのでポジティブな形で締めくくるようにする。重要なメッセージや行動の呼びかけ、期待できる結果については、すでにそれまでの話の中で触れている。したがって、詳しく繰り返す必要はない。その短縮版を次のような順番で示す。

●「ご質問、ありがとうございました」
●「覚えておいていただきたいのは……（最も重要なメッセージ）ということです」
●「したがってもう一度、……（行動の呼びかけ）していただけるようお願いします」
●「そうすれば、……（行動によって生まれる変化）が見込めます」

ポイント
自然にできるようになるまで前述の手順を踏むように心がけ、常に前向きな形で話を終えられるようにする。

3――ポジティブな形で質疑応答を終える

質疑応答をポジティブな形で終えることに全力を尽くす。質疑応答をいい雰囲気で終われそうだったら、そのまま流れに乗って締めくくりの言葉に進めばいい。

4――質疑応答に苦戦した場合には、ポジティブな方向に流れを変える

ただし、一気にムードを反転させようとしないこと。相手がネガティブな受け止め方になっている場合、急にポジティブに変わることはない。ここでカギになるのは、ネガティブな受け止め方をポジティブに変えていく「ペーシング」と「リーディング」だ。「ペーシング&リーディング」については「秘訣12」で説明した。具体例を挙げておこう。

●「難しい問題についてのご質問、ありがとうございました」
●「もちろん、これは簡単なプロセスではありません」
●「しかし、覚えておいていただきたいポイントは……です」
●「あらためまして、……（求める行動）にご協力いただけるよう、お願いいたします」
●「お力添えをいただければ、……（ポジティブな結果）が達成できると確信しています」
●「ありがとうございました」

相手の人たちが行動を起こしやすいように最高の状態で終わる。

あなたの課題

1 次にするプレゼンについて、質疑応答後に話すことをノートに書き出す。
2 その締めくくりの言葉を暗記する。

3 同僚を相手に練習し、フィードバックを求める。

さらなる学びのために

ナンシー・デュアルテ著『ザ・プレゼンテーション』(ダイヤモンド社、2012年)。第2章に「行動への誘い」の具体例が挙げられており、締めくくり方について学べる。

秘訣58 質疑応答の進め方

質疑応答の時間はコントロールしにくくなることもある。しかし、ここで紹介する8段階のステップを踏むことで、プロフェッショナルにコントロールし、質疑応答の価値を全員にとって最大限に高めることができる。

この点が重要である理由

- 仕切りのまずさは印象を悪くする。
- 質問を無視されたような形になると、質問をした人は不愉快になる。
- 対応の良さで信頼性が高まりうる。
- 質問をうまくさばければ、プレゼンのインパクトが強まる。

するべきこと

8段階のステップで質疑応答の時間をコントロールする。

1――質疑応答に入ることを知らせる

次のようにすることができる。

- 質問やコメント、アイデアを歓迎する姿勢を示し、前向きな雰囲気にする。
- 「質疑応答は10分間です」というように、予定を知らせておく。

質疑応答を協働の時間にする方法については「秘訣56」で説明した。

2――質問を促す

●「何かご質問は？」ではなく「どのような疑問点がありますでしょうか」と聞く。
●両手を広げて、受け入れの姿勢を示す。
●手を体の後ろに回さない。
●後ろに下がらないようにする——身を引こうとしている印象を与えかねない。

3——相手とつながって耳を傾ける

●質問の手が挙がったら、そのなかの一人を選ぶ。
●相手に向かって両方の手のひらを開くジェスチャーで、目と目を合わせる。
●名前を知っている場合には、「はい、メアリー」というように名前で呼びかける。知らなければ名前を聞く。
●質問を聞く間、相手に完全な注意を向ける。
●「いい質問です」と言うことは避ける。値踏みをしているような印象や、上から目線という印象を与えかねない。
●他の人たちに聞こえていない場合もあるので、必要に応じて質問を繰り返して言う。

4——質問に答える

質問でなく異論が出された場合には「秘訣59」の方法で対応する。それ以外では——
●簡潔に答える。

●答えがわからなければ、そのとおりに言う。
●答えがわからない、あるいは答えを言えない場合には、その理由を説明する。
●出席者のなかに答えられそうな人がいれば、その人に話を振る。その場合にはまず、「ジョン、このプロジェクトでの経験から、どんなことが言えそう？」といったように話す。
●質問を相手に返すというやり方もある。「マイケル、この点を重視しているようだけど、自分ではどう思っている？」というように。
●出席者全員に質問を振ることもできる。出席者たちの頭の上に質問を投げかけるような形になることから、「オーバーヘッド・クエスチョン」と呼ばれる。
●それでも質問に答えられない場合には、後で調べてお知らせしますと伝える。

> **ポイント**
> 話の内容から外れた質問、出席者たちの関心外の質問については、後で個別にお答えしますと言うようにする。

5——アイコンタクトを取り、答えを言いながら全員の注意を引き続ける

答えが短い場合には、質問者だけを見て話す。答えが長くなるようなら、次のような

方法で出席者全員の注意を引き続ける。
●まず質問者に目線を向ける。
●次に出席者の一部に目線を向ける。
●質問者に目線を戻す。
●これを交互に繰り返す。
●アイコンタクトの時間配分は質問者が約3分の1、他の出席者たちが3分の2になるようにする。

6――質問に答えたことを確認する

「これで答えになりましたでしょうか」
●答えが「ノー」であれば、さらに他の出席者に助力を求める。
●答えが「イエス」であれば、質問に謝意を表して次のステップに進む。

7――さらに質問を促す

「その他のご質問は?」と聞いてから、ステップ2〜6を繰り返す。

8――質疑応答の時間を終える

質問への謝意を表し、締めくくりの言葉に移る。強い締めくくり方については「秘訣

60」で説明する。

2人の人が同時に話し始めた場合には？

●どちらか一方の人に向かって腕を伸ばし、交通整理の警官のように「ストップ」のジェスチャーをする。この世界共通の身振りで、ほとんどの人は話すのをやめる。

●その上で、この次にご質問をうかがいますと伝える。

常にこの8ステップを踏むように心がければ、質疑応答のコントロールの仕方が身につく。

あなたの課題

1 ふだんの会話で誰かに質問されたら、簡潔に答えるようにする。

2 次にするプレゼンのために、想定される質問をノートに書き出し、それぞれにどう答えるかを考えておく。

3 想定される質問を誰かに言ってもらい、それに答える練習をしておく。その相手にフィードバックもしてもらう。

さらなる学びのために

"The Presentation Coach: Bare Knuckle Brilliance for Every Presenter"（2010）by Graham Davies. 第11章「Control Q & A（質疑応答のコントロール）」に、質問の扱い方に役立つ実用的なアドバイスの数々がまとめられている。

秘訣

59 関心を示して異論に対処する

どれほどプレゼンの内容を練り上げておいても、異論が出てくるのは避けられないかもしれない。「この計画がうまくいくとは思えない」「すべて結構だとは思いますが……」「納得がいきません」といった発言だ。そうした異論に対処できるようにしておくことが極めて重要で、うまくさばければポジティブな結果につなげられる。

この点が重要である理由

次のような理由から、異論の扱い方はプレゼンのインパクトに影響する。

●対応に手こずるようだと信頼性に響く。
●うまくさばければ、事前に深く考え抜いていたことがわかる。
●強力な答えを示せれば、論点の説得力が高まる。
●うまく対応できると信頼性が高まる。
●深い知識で答えられれば、その分野の権威であることを示せる。

するべきこと

明白な答えがある場合には、それを示す。一般的な傾向として、異論は話が一般化され、しかも限定的な情報に基づく主張になることが多い。そうした場合には、すぐに反論しようとしないこと。その理由として——

●ほぼ確実に、異論を呈した人は十分な根拠を示しておらず、したがって十分な答えを示すこともできない。
●相手が軽く退けられたと感じるかもしれない。
●「ああ言えばこう言う」の展開になりかねない。

次の6つのステップに従うようにする。

1――促す

反論するのではなく関心を示す。

●ボディランゲージでオープンな姿勢を示す。

●腕組みをしない。

●退却するように後ろに下がらないようにする。

2――質問をする

●質問することで、考える時間が得られる。

●情報が得られる。

●言葉を選んだ質問によって、穏やかに「話の一般化」にあらがえる。

選択肢としては――

答えを求める質問

「それは本当ですか?」

「はい」か「いいえ」の答えが必要になる。

絞り込む質問

「問題点とお考えなのは人員ですか、それともプロセス、あるいは製品ですか?」

これで問題点が絞り込まれる。

説明を求める質問

「最大の問題は何でしょうか」

「What(何が)」と「How(どのように)」の質問で、さらなる情報が得られる。

質問には2つの方向性として——

問題を掘り下げる

「そうおっしゃる理由は何でしょうか」

「もう少し、ご説明いただけますか」

「それはどのくらいの頻度で起こるでしょうか」

解決策に向かっていく

「どうすれば、これを避けられるとお考えですか」

「何が役立つでしょうか」

「最も効果があるのは何でしょうか」

ポイント
異論に対して「なぜ?」「どうして駄目なのですか」と問い返さない。

「どうして、そうおっしゃるのでしょうか」と言うことは、次のような理由で状況を悪化させる。

●その発言をした人を守りの姿勢にしてしまう。
●主張を押し通さなければという思いにさせてしまう。
●詰問しているような空気にしてしまう。

ネガティブな言葉、敵対的な言葉をおうむ返しするのは禁物。

たとえば「それはひどいアイデアだ」という発言に答える場合、「ひどい」という言葉は使わないようにする。ネガティブな言葉を強調することになるからだ。

相手を名前で呼ぶことがラポート(心の通い合い)を高めるのに役立つ。

3——傾聴していることを示す

相手の言うことをただ聞くのではなく、きちんと聞いていることを示すようにする。

- アイコンタクトを取る。
- うなずく。
- 相手の話に注意を集中させる。

4——要約する

相手の言ったことを要約して繰り返し、正しい理解か確認する。

- そうすることで、話を聞いていたということを示せる。
- こちらが耳を傾ければ、相手も話を聞こうとするようになる。
- 共通の理解を固めようとする姿勢を示せる。

次のような言い方が効果的だ。

- 「この理解で正しいでしょうか」
- 「ここがポイントですね?」
- 「正しいまとめになっていましたでしょうか」

答えが「いいえ」であれば、ステップ2に戻る。答えが「はい」であれば、次のステップに進む。

5――反応を示す

次のどれかの形で反応を示す。

●答えを示す。

●相手に追加の説明を求める。

●聞いている人たちに質問を振る。

6――確認する

答えに納得してもらえたか、確かめる。

●「ご質問の答えになりましたでしょうか」

●「これで大丈夫ですか」

●「おわかりいただけたでしょうか」

答えが「はい」であれば、相手に謝意を表す。答えが「いいえ」や「いいえ、あまり」であれば、こう聞き返すことができる。

●「どの部分が問題でしょうか」

●「どうすればいいでしょうか」

●「どこが説明不足でしょうか」

相手が指摘した問題点に答えられなかった場合には？

●答えがわからない場合には、そのとおりに言う。

●答えられない理由を示す。
●後でお知らせすると伝える。

異論の扱い方に慣れるとともに、違和感も薄れていく。

あなたの課題

1 ふだんの会話で誰かに異論をぶつけられたら、自分の言い分を示そうとする前に前述の「説明を求める質問」をしてみる。
2 次のプレゼンまでの間に、誰かに相手をしてもらって「6つのステップ」を練習しておく。
3 逆に自分が異論をぶつける側になって、誰かに「6つのステップ」を実践してもらい、どんな感じがするか確かめておく。

さらなる学びのために

"*NLP at Work: The Difference that Makes a Difference in Business*"（2002）by Sue Knight. 第6章「Precision Question（正確さを得る質問）」の内容が、様々な形の困難な状況で生かせる質問のスキルを高めることに役立つ。コミュニケーションのスキルを高め、NLP（神経言語プログラミング）を様々な形で活用するうえで、この本は大きな力になる。

秘訣60

静かにではなく、力強く締めくくる

話の締めくくり方は、自分が求める効果を生み出せるかどうかに極めて大きく影響する。ところが、それとは逆の締めくくりになってしまいやすい。「時間になりましたので、これで終わります。ありがとうございました」といったように。しかし、締めくくり方に知恵を絞ることで、聞き手はあなたの話に触発され、必要な行動を取ろうとする姿勢を強めることになる。

この点が重要である理由

締めくくりを大事にするべき理由は数多い。

- 自分のメッセージを強めることができる。
- 最後に言ったことは聞く側の記憶に残りやすい。
- 相手に好印象を残せる。

●強いエンディングは触発につながる。
●気持ちを高揚させるエンディングは、行動への動機づけにつながりうる。
●今後のプレゼンに自信が高まる。

するべきこと

より良い明日という大きな構図を示すようにする。ムードを高めて締めくくる方法として、次の3つがある。

1——最も重要なメッセージが伝わるよう、念押しをする

具体的には——

●要点をまとめる。
●最も重要なメッセージを繰り返す。
●最も重要なメッセージをスクリーンに映し出す。
●すべてを端的に象徴する強力なビジュアルを示す。
●自分のメッセージと重なる名言を引用する。

2——行動を求める

それまでの話の内容について、今後にどう生かすべきかという点について考えさせるようにする。あなたが相手の人たちにしてもらいたいことは何だろうか。

使えるフレーズ

●「それでは、ご自身の状況について考えてみてください。これは、どの部分で役立つでしょうか」

●「この重要なメッセージを他の方々にも伝えていただけたらと思います」

●「したがって、このような状況になった場合、これまでと対処の仕方が変わるのはどの部分でしょうか」

行動を求める際に「質問」を織り込むことで、相手の人たちは自分自身で考えようとすることになる。

ポイント
行動の求めが受け入れられやすくなるように工夫を凝らす。

3――新しい姿を描き出す――これから変わることは?

●あなたが求める行動は何をもたらすのか、明確に示す。

●何がどのように変わるのか、具体的に示す。これによって相手の人たちの思考は未来に向けられる。ポジティブな想像をさせることで、相手の人たちを協力へと導ける。

ＴＥＤカンファレンス代表のクリス・アンダーソンは、これを「カメラを引くこと」と表現し、こう説明している。

「最後に、もっと大きな絵を見せること。つまり、あなたの取り組みが意味する広範な可能性を示すことだ」

最高に強力なエンディングにするためには、行動を取ることによって、どれほど広範で深いメリットがもたらされうるかを示す必要がある。一つの行動が次の行動を呼ぶ「ドミノ効果」が生まれることを示すようにする。

●短期、中期、長期のメリットについて説明する。

●個人やチーム、顧客、クライアント、患者など、いかに幅広く恩恵が及ぶかを最大限に強調する。

たとえば――

●「来週には効果が表れ始めます」

●「来年の今ごろはどうなっているか……どれほど様変わりしているか想像してみてください」

●「全員で生み出せる変革について、考えてみてください」

声とボディランゲージで言葉に熱意を込める。そして最後の一言を言い終わったら、「ありがとうございました」と言う。これで拍手がわき起こるはずだ。

話が終わったということをはっきり示すこと。

そうしないと、コンサートでまだ曲が終わっていないのに観客の拍手が始まる、あるいは、まだ続きがあると思って拍手をしないというようなことになりかねない。

ポイント

強力な締めくくりの言葉をノートに書き出す——そして、本当に最後の一言であるということが伝わるように、実際に声に出して練習する。

あなたの課題

1 次にするプレゼンについて考えてみる。

2 前述の3つのポイントをふまえて、締めくくりで何をどのように言うか、ノートにまとめておく。

さらなる学びのために

“Can we create new senses for humans?”、ＴＥＤ２０１５のデービッド・イーゲルマン（David Eagleman）のＴＥＤの20分間の動画。最後の数分間、強力なエンディングの見事な一例だ。

プレゼンの観察——見るべきポイント

内容と構成

●強力な導入部——関心をつかみ、聞く側を話に引き込む。
●明確なメッセージ——簡潔で記憶に残りやすいメッセージ。
●論理的な流れ——ついていきやすい展開。
●コントラスト——ペースとリズムに変化をつけ、聞く側の関心を引き続ける。
●表現——アイデアを生き生きとさせる言葉を使う。
●頭と心の両方に訴えかけること。
●物語——記憶に残りやすく、感情を呼び覚ます。
●比喩——アイデアを吸収しやすくする。「……と同じことで……」
●事例——関連する事例や適切なデータを挙げる。
●驚きを生む事実——驚くような事実や統計。
●強力なまとめ——最も重要なメッセージ、行動を求める呼びかけ、行動によって生じる変化の強調。

ビジュアル

●多彩なスライドになっているか――記憶に残る画像やグラフ、ダイヤグラムなど。

●その他のビジュアルの効果――ホワイトボードやフリップチャートなど。

●適切な「前振り」があったか。

プレゼンのスタイル

●エネルギー――熱意が表れ、自分の言うことに確信をもてているか。

●声――十分に行き届いているか。スピードや高低、声量に変化をつけて関心を引きつけているか。

●アイコンタクト――聞く人たちの全員と取れているか。

●ジェスチャー――表現力のあるジェスチャー、強調のためのジェスチャーができているか。

●立ち方――堂々とした姿勢で信頼性を高めているか。

フィードバックは具体的に。プラスの効果を生んでいた部分、マイナスの効果につながっていた部分について例示する。

観察者のフィードバック票

話　者 ________________

観察者 ________________

トーク／スピーチ／プレゼンの表題 ____________________

1 うまくいっていた部分

2 次回に変えるべき部分

ご協力、ありがとうございました。

著者

グラハム・ショー　Graham Shaw

「スピーカーズ・コーチ」として、国際会議のプレゼンターおよびトレーナーをつとめる。専門はコミュニケーションスキル。ブリティッシュ・エアウェイズ、オラクル、PwC、シーメンス、テスコで何千人ものプレゼンテーションのトレーナーをつとめてきた。近年、TEDでもスピーカーズ・コーチをつとめているほか、2015年には自身もTEDスピーカーとなり、その動画は2300万回以上再生されている。

訳者

斉藤　裕一　Yuichi Saito

ニューヨーク大学大学院修了（ジャーナリズム専攻）。主な訳書に『「評判」はマネジメントせよ　企業の浮沈を左右するレピュテーション戦略』『脳のフィットネス完全マニュアル』『先延ばし克服完全メソッド』『ギグ・エコノミー襲来　新しい市場・人材・ビジネスモデル』『どんな仕事も「25分+5分」で結果が出る ポモドーロ・テクニック入門』『ニワトリをどう洗うか？実践・最強のプレゼンテーション理論』（以上、CCCメディアハウス）などがある。

装丁＆本文デザイン＆イラスト　竹内淳子（株式会社新藤慶昌堂）
校閲　円水社

スピーカーズ・コーチ
誰《だれ》でも伝《つた》え方《かた》がうまくなる60の秘訣《ひけつ》

2019年11月10日　初版発行

著　　者　グラハム・ショー
訳　　者　斉藤裕一
発 行 者　小林圭太
発 行 所　株式会社CCCメディアハウス
〒141-8205　東京都品川区上大崎３丁目１番１号
電話　販売　03-5436-5721
編集　03-5436-5735
http://books.cccmh.co.jp

印刷・製本　株式会社新藤慶昌堂

ISBN978-4-484-19109-6